KB109683

IJS 서울대학교 일본연구소
Reading Japan **16**

포위된 평화,
굴절된 전쟁 기억

히로시마 만(灣)의 군항도시 구레 연구

저　자 : 정근식·헬렌 리·김민환·정영신

제이앤씨
Publishing Company

본 저서는 정부(교육과학기술부)의 재원으로 한국연구재단의 지원을 받아 출판되었음(NRF-2008-362-B00006).

책 을 내 면 서

서울대 일본연구소는 국내외 저명한 연구자와 다양한 분야의 전문가를 초청하여 각종 강연회와 연구회를 개최하고 있습니다. 〈리딩재팬〉은 그 성과를 정리하고 기록한 시리즈입니다.

〈리딩재팬〉은 현대 일본의 정치, 외교, 경영, 경제, 역사, 사회, 문화 등에 걸친 현재적 쟁점들을 글로벌한 문제의식 속에서 알기 쉽게 풀어내고자 노력합니다. 일본연구의 다양한 주제를 확산시키고, 사회적 소통을 넓혀나가는 자리에 〈리딩재팬〉이 함께하겠습니다.

IJS 서울대학교 일본연구소
Reading Japan 16

차 례

제1장
왜 구레(吳)와 히로시마 만(灣) 인가?

● 히로시마가 선택한 절대화 및 유일화 전
○ 략은 가장 보편적이고 추상적인 차원에
○ 서 전 세계와의 '연대'를 추구했지만, 결
과적으로 히로시마에 두 가지 방향의 성
격이 다른 '외로움'을 선사했다. '절대화'
를 통해 보편성을 추구하자마자 다른 특
수성들이 반발하고, '유일화'를 통해 일
본적 특수성이 강조되면 다른 차원의 보
편성이 문제를 제기하는 구조가 히로시
마의 전략적 선택에 내재한 '구조적 분
열' 지점이었던 것이다.

왜 구레(吳)와
히로시마 만(灣)인가?

1. 평화도시 히로시마에 내재한 '비틀림'

1945년 8월 6일 오전 8시 15분 히로시마 시에 원자폭탄이 투하되었다. 당시 인구 40만 명 규모로 일본 7대 도시 중 하나였던 히로시마 시는 순식간에 잿더미로 변했다. 도시 건물의 약 70%가 파괴되었으며, 약 20만 명이 목숨을 잃었다. 8월 9일에는 나가사키 시에 또 다른 원자폭탄이 투여되었다.

이 역사적인 피폭 경험을 바탕으로 히로시마 시는 전후 일본의 대표적인 '평화도시'로 자리잡았고, 세계 '평화운동'의 메카 중 하나로 기능해 왔다. 히로시마 시가 평화도시가 된 것은 어떻게 보면, 그 참혹한 참상을 경험하고 목격한 사람들이 선택한, 매우 자연스러운 귀결일지도 모른다. 그러나 달리 생각하면, 히로시마 시가 평화도시가 되기 위해서 원자폭탄 피해 경험을 '절대화'하고 '유일화'하는 특별한 '전략적 선택'을 했다고 평가할 수 있다. 전쟁으로 발생한 모든 고통에 공감하는 방향으로 자신들의 경험의 위치를 설정하는 것도 가능했지만, 히로시마는 이와 반대되는 방향으로 움직였다. 원자폭탄에 의한 히로시마 시의 피해는 아시아·태평양전쟁 등 보통의 다른 전쟁에서 발생한 폭탄이나 공습에 의한 피해와는 전혀 다른 '절대적' 비극이기 때문에 되풀이되어서는 안 될 '유일한' 인류 역사의 비극으로 격상되었다. 이런 인식은 『広島新史(歴史編)』(1984)의 감수자 이와호니(今堀誠二)의 발언을 통해서도 확인할 수 있다. 그에 의하면, 인류의 역사는 크게 세 가지 시기로 구분될 수 있는데, 첫째 시기는 인류가 유인원에서 분기되기 시작한 200만 년 전부터의 '원시시대'이고, 그 다음 시기는 인간이 국가를 세우고 생활하기 시작한 무렵부터 1945년까지의 약 1만 년 동안의 시기('국가의 시대')이며, 마지막 시기는 1945년 8월 6일 히로시마 시에 원자폭탄이 투하된 이후의 시기라는 것이다. 200만 년 혹은 1만 년이라는 시간의 무게와 같은 비중이 1945년 8

월 6일에 부여된 셈이다.

　이런 식으로 원자폭탄의 피해를 절대화하고 유일화하는 인식은 '평화도시되기'라는 목적 달성을 위한 자원의 선택과 집중이라는 측면에서는 매우 효율적이었지만, 다른 한편으로는 평화도시 히로시마 시에 독특한 '자기 분열적인 비틀림'[1]을 구조화시켰다. 이 비틀림의 차원은 매우 다양하다. 이미 많은 사람들이 지적한 것처럼, 원자폭탄의 피해를 절대화하고 있기 때문에 일본이 아시아·태평양 지역에서 수행한 침략자의 역할을 비판적으로 성찰하는 데 방해가 된다는 점을 우선적으로 강조할 필요가 있다. 일본이, 그리고 히로시마가 원자폭탄에 의한 피해를 강조하면 할수록, 그 대척점에 서 있는 미국이나 과거 일본의 식민지였던 한국 등에서는 이와는 다른 생각들을 제시하고 이에 반발하게 되는 것이다. 미국은 히로시마와 나가사키의 원폭 투하에 대한 오랜 정치적·윤리적 논쟁에도 불구하고 '조금 더 일찍 전쟁을 끝냄으로써 더 큰 희생을

---

1) 이 용어는 권혁태의 최근 연구에서 차용하였다. 그는 '유일 피폭국' 언설이 일본의 국민적 기억으로 자리잡는 과정을 설명하면서 이 '비틀림'을 매우 인상적으로 묘사하고 있다. 이에 대해서는 권혁태, 「히로시마/나가사키의 기억과 '유일 피폭국의 언설」, 서울대학교 일본연구소, 『일본비평』 1, 그린비, 2009a ; 권혁태, 『일본의 불안을 읽는다: 일본 트라우마의 비밀을 푸는 사회심리 코드』, 교양인, 2010 참조.

막았다'는 입장을 일관되게 유지해 오고 있다. 소위 '전쟁 조기 종결론'에 해당하는데, 이 논리는 한국에서 '식민지 조기 해방론'으로 변형되어 받아들여지고 있다.[2] 곧, 미국의 원폭 투하는 한국을 일본 제국주의 지배에서 해방시켜 준 최대 기여 요인으로 인식되고 있는 것이다. 히로시마의 피폭자들이 "피폭 체험의 비극을 말하면 말할수록, 미국 사람들은 진주만 습격을 말하고, 중국 사람들은 난징 대학살을 말하며, 필리핀 사람들은 마닐라에서 일본군이 저지른 학살을 말한다. 따라서 히로시마·나가사키를 말하려면 히로시마·나가사키의, 나아가 일본의 가해 책임을 말해야 한다."[3]라는 아이러니가 발생하게 된다. 그러나 일본의 가해 책임을 인정하는 순간, 일본의 '우파'들은 히로시마에 등을 돌리게 된다.

이 문제는 즉시 피폭자들의 '국적'과 관련된 비틀림의 문제로 연결된다. 피폭 경험을 절대화하고 유일화하는 것은 일종의 '피해자 민족주의'를 구성하게 된다. 일본인 전체를 피해자로 호명하는 것이다. 그러나, 히로시마와 나가사키의 전체 피폭자 중 약 10%가 '재일 조선인'이었으며,

---

2) 권혁태, 『일본의 불안을 읽는다: 일본 트라우마의 비밀을 푸는 사회심리 코드』, 129쪽.
3) 권혁태, 『일본의 불안을 읽는다: 일본 트라우마의 비밀을 푸는 사회심리 코드』, 122쪽.

지금도 고통받는 이들의 2세들이 여전히 존재한다. 또한, 히로시마에 거주하던 동남아시아인들도 다수가 피폭을 당했으며, 피폭자를 민족이나 국적별로 보면 거의 20개국에 달한다.[4] 이들은 원폭 투하 직후의 피폭자에 대한 구원 활동에서도, 그 이후 전개된 피폭자들에 대한 의료지원 등에서도 차별을 받았다.[5] 히로시마 평화공원 내의 '한국인희생자위령비'를 둘러싼 여러 논쟁도 기본적으로 이런 비틀림을 중심으로 전개되었다고 할 수 있다.

또 다른 비틀림은 원자폭탄에 의한 피해와 다른 유형의 전쟁 피해와의 관계 속에서 발생한다. 그것은 '고통 혹은 비극의 위계'와 관련되어 있다. 만약 원자폭탄에 의한 피해가 다른 전쟁에서 발생한 폭탄이나 공습에 의한 피해와는 전혀 다른 '절대적' 비극이라면, 또 오직 히로시마와 나가사키만 경험한 '유일한' 비극이라면, 다른 유형의 전쟁 피해를 입은 사람들은 히로시마 혹은 나가사키의 사람들과 어떤 관계를 맺어야 하는가? 만약 '당신들의 피해도 물론 고통스럽고 비극적인 것이지만, 우리들이 입은 피해의 고통과 비극성에는 미치지 못한다'고 히로시마가 이야

---

4) 권혁태,『일본의 불안을 읽는다: 일본 트라우마의 비밀을 푸는 사회심리 코드』, 126~127쪽.

5) 재일 조선인 피폭자와 2세 피폭자들에 대해서는 최근의 연구인 오은정의 박사학위논문(2013)을 참조할 것.

기하면, 다른 유형의 전쟁 피해자들은 어떤 반응을 보일까? 이 부분은 앞에서 서술한 일본의 혹은 히로시마의 '가해 책임' 문제와도 관련해서 생각해 볼 수 있다. 가령, 히로시마의 가해 책임 혹은 전쟁 책임을 인정하더라도 그 대가가 '원자폭탄'의 피해라면, 그것은 너무 가혹하다는 항변이 가능하기 때문이다.

그러나 이 차원의 비틀림은 아무래도 히로시마의 반핵운동에 기반한 '평화운동'과 재래식 무기 혹은 군대에 반대하는 '평화운동', 가령 '반기지운동' 등과의 관계에서 가장 잘 볼 수 있다. 이 두 가지 평화운동은 질적으로 다른 것인가? 재래식 무기로 진행되는 전쟁도 비극적이지만, 인류 전체를 절멸시킬 수 있는 핵전쟁은 전혀 다른 차원의 비극이기 때문에, 히로시마의 평화운동은 반핵운동이어야 한다는 입장이 실제 제기되기도 했고 상당한 영향력도 있었다. 이 때문에 원자폭탄 피해를 입은 히로시마가 강조하는 평화는 다른 선쟁 피해를 입은 도시, 가령 오키나와나 미군의 공습으로 피해를 입은 일본 내의 여러 도시들이 지향하는 평화와는 약간 '다른' 평화일 수도 있다는 느낌을 주곤 했다. 그래서 히로시마의 평화운동은 그 주변의 다른 사회운동과 연대를 제대로 형성하지 못했다고 평가받는다.[6] 그들은 '반핵'에 너무나 집중한 나머지

히로시마 시를 둘러싸고 있는 군사기지에 대해서 반대의
목소리를 잘 내지 않았다.

요컨대 히로시마가 선택한 절대화 및 유일화 전략은
가장 보편적이고 추상적인 차원에서 전 세계와의 '연대'를
추구했지만, 결과적으로 히로시마에 두 가지 방향의 성격
이 다른 '외로움'을 선사했다. '절대화'를 통해 보편성을 추
구하자마자 다른 특수성들이 반발하고, '유일화'를 통해
일본적 특수성이 강조되면 다른 차원의 보편성이 문제를
제기하는 구조가 히로시마의 전략적 선택에 내재한 '구조
적 분열' 지점이었던 것이다.

2. 방법론적 지향

: 히로시마 시에서 히로시마 만으로

이 책에서 우리가 근본적으로 살펴보고자 하는 것은
바로 이 '비틀림'이다. 그런데 여기에 대해서는 이미 많은
학자들이 연구했다. 앞에서 소개한 권혁태의 작업은 국내
에서 이 주제에 대해 천착(穿鑿)한 가장 훌륭한 작업일 것

---

6) 湯浅一郎, 『「平和都市ヒロシマ」を問う—ヒロシマと核·基地·
戦争』, 技術と人間, 1995.

이며, 일본인 학지 리사 요네야마[7]의 책은 우리가 이 주제를 성찰하게 하는 데 많은 영향을 끼쳤다. 아마 우리가 히로시마 시 내부의 지역 정치에 대한 심층적 연구를 통해 평화도시 히로시마의 '비틀림'이라는 주제에 접근했으면 이 두 사람이 수행한 연구의 성과를 넘어서기 힘들었을 것이다.

우리가 이 주제에 대해 무엇인가 새롭게 이야기할 수 있을지도 모른다고 생각한 계기는 한 장의 지도였다. 그것은 평화도시 히로시마 시를 포위하고 있는 히로시마 만(灣)의 군사기지를 표시한 지도였는데(〈그림 1〉), 이 지도는 우리에게 두 가지 놀라움을 안겨 주었다. 첫째는 평화도시 히로시마라는 이름이 무색할 정도로 많은 군사기지들이 히로시마 시 주변에 존재하고 있다는 사실 자체가 주는 놀라움이었다. 그러나, 이 놀라움보다 더 근본적인 놀라움은 지금까지 우리가 평화도시 히로시마 시가 군사도시에 포위되어 있다는 사실을 모르고 있었다는 데 있었다. 우리는 각자 몇 차례에 걸쳐 히로시마 시를 방문하기도 했고, 관련 책들을 읽었고, 심지어 히로시마에 관한 글을 쓰기도 했지만 이 사실을 모르고 있었던 것이다. 여기

---

7) Lisa Yoneyama, *Hiroshima Traces : Time, Space, and the Dialectics of Memory*, University of California Press, 1999.

에 대해 이야기하던 중 우리는 이 현상이 평화도시 히로시마에 내재한 '비틀림'과 관련이 있다고 생각하게 되었다.

〈그림 1〉 피스링크[8] 유아사 이치로 대표가 1995년경 작성한 히로시마 만의 기지군

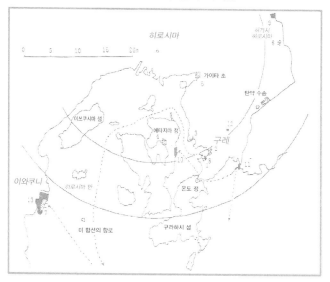

출처: 湯浅一郎, 『「平和都市ヒロシマ」を問う─ヒロシマと核・基地・戦争』, 技術と人間, 1995. 43쪽.

---

8) 히로시마·구레·이와쿠니 지역을 중심으로 활동하는 주민 평화단체.

우리들은 기존의 연구자들과는 달리 점(點)으로서의 히로시마가 아닌 면(面)으로서의 히로시마를 주목하면 평화도시 히로시마의 비틀림을 보다 새롭고 입체적으로 제시할 수 있다고 판단하였다. 그래서 본 연구는 히로시마 시를 말하기 위해 오히려 구레(吳) 및 히로시마 만을 연구하는 전략, 즉 히로시마와 주변 지역과의 관계성을 탐구하는 전략을 선택하였다. 이 전략의 유효성을 조금 더 검증하기 위해 우리는 또 다른 평화도시 나가사키 주변에 대해서도 살펴보았다. 히로시마 시 주변에 비해 밀도의 측면에서 약간 약하기는 하지만, 나가사키 주변에도 군사기지가 존재하고 있었으며, 또한 사세보라는 군항도시도 같은 나가사키 현(縣)에 위치하고 있다는 사실을 알게 되었다. 여기에 오키나와까지 함께 생각해 보면 일본의 '평화도시'는 결국 그 자체로 군사도시이거나 아니면 군사도시에 의해 포위되어 있었던 것이다.

우리의 최초 계획은 일종의 '이중 비교'였다. 우선 각 점들을 비교하고(군항도시 사이의 비교 및 평화도시 사이의 비교), 이 점들이 맺는 관계, 즉 면에 대한 비교를 수행하는 것이었다. 그러나 우리의 역량 부족 등으로 이 책의 내용은 구레를 중심으로 한 히로시마 만에 대한 내용으로 축소되었다. 완수하지 못한 최초의 계획을 여기서 언급하는 것은 무의미하다고 할 수 있지만, 한편으로는 우리의 문제의식을 명확하게 보여 준다는 차원에서, 다른 한편으로는 향후 우리 작업의 완수를 스스로에게 다짐한다는 의미에서 이 부분을 남겨 두었다.

<그림 2> 방법론적 지향: 이중 비교
(군항도시 비교 및 평화도시 비교, 평화도시-군항도시 관계 비교)

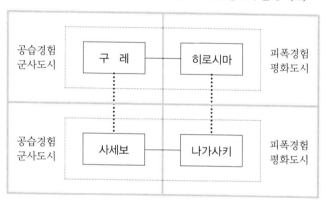

우리는 연구의 진행을 위해 히로시마 만의 군사화에 관한 자료를 수집했으나, 국내에서 관련 자료를 구하기는 거의 불가능했다. 그래서 2009년 2월 초 약 1주일의 기간 동안 일본의 사세보, 나가사키, 히로시마, 구레를 차례로 방문하여 현지조사를 실시했다. 이 과정에서 현지의 공무원, 시의회 의원, 평화운동가를 만나서 인터뷰를 진행했으며, 그들의 안내로 전쟁유적과 기념 시설들, 그리고 미군기지 주변을 탐방할 수 있었다.

이 현지조사에서 우리는 구레 야마토 뮤지엄의 중요성을 더욱 실감했다. 히로시마 시는 군사기지와 뮤지엄에 의해 이중으로 포위되고 있었다는 사실을 깨달을 수 있었던 것이다. 이 '이중의 포위'에 대한 내용이 이 책의 기본틀을 이루고 있다. 구레에서 야마토 뮤지엄의 기획과 건설에 결정적인 역할을 담당한 오가사와라 전 시장과 지다 교수를 만나 숨겨진 이야기와 지역 정치의 과정에 대해 들을 수 있었던 것은 큰 수확이었다.

현지조사 과정에서 우리는 피스링크의 평화운동가들에게 큰 도움을 받았다. 니시오카 대표를 비롯한 평화운동가들은 바쁜 시간을 쪼개어 인터뷰에 응해 주었으며, 그들의 회의에 우리를 초대해 주기도 했고, 우리를 위한 환영회도 열어 주었다. 피스링크 이외에도 우리는 곳곳에서 풀뿌리 평화운동가들을 만나 그들의 진솔한 이야기를 들을 수 있었다. 이 자리를 빌려 감사의 뜻을 전한다.9)

---

9) 현지조사 직후 정근식(2010)과 헬렌 리(이헬렌)(2010)는 『일본비평』에 논문을 발표하였으며, 그 내용은 이 책의 4장과 5장의 일부를 구성하고 있다.

3. 일본 군항도시의 역사적 궤적

구레는 일본의 여러 도시들 가운데 군항도시(軍港都市)로 성장해 온 대표적인 도시다. 도시의 근대화, 인구 증가, 산업의 발달 등 정치·경제·사회의 전 분야에 걸쳐 군항의 성장은 도시의 발달에 폭넓은 영향을 미쳤다. 한 세기가 넘는 시기 동안 군항과 함께 성장해 온 도시의 모습은 현재 히로시마 만과 구레 시가 직면하고 있는 군사·안보·평화 문제의 역사적·통시적 면모라고 할 수 있다. 이러한 측면을 이해하기 위해서는 일본의 대표적인 군항도시들(요코스카, 사세보, 구레, 마이즈루)이 밟아온 역사적 과정을 간략하게나마 이해할 필요가 있다.

일본은 1875년에 일본의 주변 도서(島嶼)를 동해와 서해, 2해면으로 나누고, 1876년에 각각 2개의 진수부(鎮守府)[10]를 설치하기로 했다. 요코하마에 개설되었던 동해 진수부는 1884년에 요코스카로 이전하여 요코스카 진수

---

10) 진수부는 구 일본 해군의 근거지로서 함대의 후방을 통할하는 기관이었으며, 제2차 세계대전 직후인 1945년 11월에 폐지되었다. 1952년에 발족한 경비대, 1954년에 발족한 해상자위대에서는 해군구와 진수부 대신에 지방대와 지방총감부를 설치했으며, 현재 요코스카, 마이즈루, 오미나토(大湊), 사세보, 구레에 지방대가 설치되어 있다.

부로 개칭했디(서해 진수부는 설치되지 않음). 1886년에 해군 조례가 제정되면서 일본의 연안, 해면을 5개의 해군구로 나누고 각 해군구에 진수부와 군항을 설치하였다. 요코스카 이외에 1889년에 구레 진수부와 사세보 진수부, 1901년에 마이즈루 진수부가 개청했다.[11]

1923년 3월 26일에 발표된 〈해군구령〉(칙령 제56호)에 따라 일본 해군은 주변 해역을 4개의 해군구로 나누고 각 해군구를 요코스카, 구레, 사세보, 마이즈루에 위치한 진수부에서 관리하도록 했다. 제1해군구를 맡은 요코스카 진수부에서는 도쿄부를 비롯하여 아오모리, 이와테, 아이치, 기후 등을 비롯하여 홋카이도와 사할린에 이르는 해안과 바다를 담당했다. 제2해군구를 맡은 구레 진수부에서는 오사카, 나라, 히로시마 등을 담당했고, 제3해군구를 맡은 사세보 진수부에서는 후쿠오카, 나가사키, 구마모토와 오키나와를 비롯하여 대만과 조선의 해안과 바다를 담당했다. 마지막으로, 제4해군구를 맡은 마이즈루 진수부에서는 야마가타, 교토, 시가, 효고, 돗토리 등의 해안과 해상을 담당했다.

군항도시들은 몇 가지 공통적인 특징을 지니고 있다.

---

11) 홋카이도 남서부에 위치한 무로란 시(室蘭市)에도 진수부를 설치하기로 되어 있었지만, 1903년에 취소되었다.

첫 번째 특징은 구 일본 해군의 해군구-진수부 편제에서 비롯된 것으로, 근대국가 일본의 성장 과정이 제국적 팽창과 긴밀히 연계되어 있었고, 이러한 팽창 과정이 군항도시의 근대적 발전을 이끌었다는 점이다.

〈그림 3〉 구 일본 해군의 해군구-진수부 편제

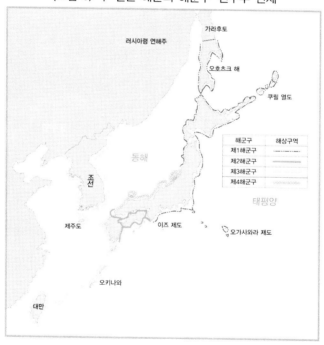

〈해군구령〉 제1조에 의해 육해상의 해군구가 설정되었고, 제2조에서 각 해군구에 군항이 배치되었으며, 제4조에서 각 해군구는 군항에 배치된 진수부(鎭守府: 군항에 두어 한 해군구를 관할하던 기관)가 관리하도록 되어 있다. 다가조(多賀城) 해군공창이 요코스카(橫須賀) 진수부에 소속하는 연유는 〈해군구령〉에 의한다.

해군구 군항 (海軍区軍港)	해상 구역(도부현)−〈해군구령〉 제1조에 의해
제1요코스카 (橫須賀)	사할린(樺太), 홋카이도(北海道), 아오모리(青森), 아키타(秋田), 이와테(岩手), 미야기(宮城), 후쿠시마(福島), 이바라키(茨城), 지바(千葉), 도쿄(東京), 가나가와(神奈川), 시즈오카(静岡), 아이치(愛知), 삼군의 각 현 해상
제2구레 (呉)	와카야마(和歌山), 오사카(大阪), 효고(兵庫)(동해를 제외한), 오카야마(岡山), 히로시마(広島), 야마구치(山口), 가가와(香川), 도쿠시마(徳島), 고치(高知), 에히메(愛媛), 미야자키(宮崎), 오이타(大分), 후쿠오카(福岡)(遠須部, 宗像部界以東)의 해상
제3사세보 (佐世保)	후쿠오카(福岡)(제2해군구에 속하는 것을 제외한), 사가(佐賀), 나가사키(長崎), 구마모토(熊本), 가고시마(鹿児島), 미야자키(宮崎), 오키나와(沖縄), 조선(朝鮮), 대만(台湾)의 해상
제4마이즈루 (舞鶴)	야마가타(山形), 니가타(新潟), 도야마(富山), 후쿠이(福井), 시가(滋賀), 교토(京都), 효고(兵庫)(동해), 돗토리(鳥取), 시마네(島根)의 해상

군항도시들이 지닌 두 번째 특징은 군함의 건설을 위한 중공업 위주의 발전 노선을 채택했다는 점이다. 이들 군항도시는 대규모 조선소뿐만 아니라 철강·제철·기계 등 군수산업을 발전시킴으로써 인구 증가와 소득 증대를

향유했다. 예컨대, 요코스카(橫須賀) 시의 근대사는 막부 말기에 연안방비를 위한 시설을 건설하고 요코스카 제철소의 건설을 착수하면서 시작되었다고 할 수 있다. 중공업을 통해 급속하게 성장한 군항도시들은 20세기 초반부터 시제(市制)의 시행에 따라 일본의 대표적인 도시로 발돋움할 수 있었다. 요코스카 시의 경우 1907년 2월 15일에 시제의 시행에 따라 시로 승격되었다.

군항도시들이 지닌 세 번째 특징은 전후에도 냉전과 한국전쟁의 영향하에서 군항도시·기지도시로 성장해 왔다는 점이다. 요코스카 시의 예를 살펴보면, 현재(2014년 2월 18일 기준) 요코스카 시내에 소재하고 있는 군사시설은 미일 안보 조약에 근거하여 주둔하고 있는 요코스카 해군기지 등 4개의 미군기지가 있으며, 그 면적은 337만 2천㎡로 요코스카 시 면적(100.71㎢)의 약 3.3%에 달한다 (수역 819만 8천㎡ 제외). 또한 자위대기지(숙박시설 제외)의 경우 41개 시설, 면적은 약 303만 4천㎡에 이른다. 도시 면적의 약 6.4%가 미군과 자위대에 제공되고 있는 것이며, 이것도 전후에 조금씩 축소되어 온 결과다.[12]

---

12) 요코스카 시에 주둔하고 있는 기지의 구체적인 내역에 관해서는 요코스카 시 누리집 참조(https://www.city.yokosuka.kanagawa.jp /0150/kithitai/01/index.html).

이러한 사정은 다른 군항도시의 경우도 다르지 않다. 사세보(佐世保) 항은 나가사키 현의 북부에 위치하고 있는데, 메이지 시대 이전부터 일본과 서구 사이의 무역 중심지였다. 1883년 8월, 구 일본군 해군이 규슈 지역의 진수부 설치 후보지를 조사하기 위해 군함을 파견한 것이 군항 설치를 위한 첫 번째 움직임이었다. 1886년 5월에는 좋은 입지 조건을 이유로 진수부의 설치가 정식 결정되었고, 1889년 7월에 제3해군구 사세보 진수부가 개청되었다. 이후에 거액의 국비와 기술을 집중하여 근대적 항만의 정비가 이루어졌다. 군항 설치 직전에는 850호, 4천 명 정도의 작은 마을에 불과했던 사세보는 군항 설치 후에 약 5만 명의 도시로 성장했고, 1902년 4월 1일 도시로 승격했다. 이후 해군시설과 해군공창이 들어서면서 규슈 지역의 산업 중심지로 성장하여, 1944년에는 인구 28만 명을 넘어 규슈에서 네 번째로 큰 도시가 되었다. 종전 직후인 1946년 6월에 사세보 미 해군기지가 설치되었고, 1952년 3월에는 미일지위협정에 따라 미 해군기지로 지정되었다. 1953년에는 해상경비대 서남지구 사세보 총감부가 설치되었고, 해상자위대의 발족에 따라 해상자위대 사세보지방총감부로 개편되었으며, 1955년 10월에는 육상자위대 아이노우라(相浦) 주둔지가 들어섰다.

2014년 4월 1일 현재, 사세보 시에는 10개의 미군시설(4.06㎢)이 주둔하고 있으며 시 면적(약 426.59㎢)의 약 0.95%를 점하고 있고, 제한수역(약 27.31㎢)은 사세보 항구 수역(약 34㎢)의 80.5%를 점하고 있다. 또한 23개의 해상자위대시설(숙박시설 제외)이 1.08㎢의 면적(시 면적의 약 0.25%), 2개의 육상자위대 시설이 약 1.7㎢의 면적(시 면적의 약 0.4%)을 차지하고 있다.13)

교토부의 북부에 자리잡고 있는 마이즈루는 다른 세 군항도시에 비해서 상대적으로 작은 도시지만, 역사적으로 보면 비슷한 경로를 밟아 왔다. 1901년에 진수부가 설치된 마이즈루 항은 다른 군항도시와 마찬가지로 군항의 성장과 더불어 급속하게 발달했다. 그러다가 1923년에 체결된 워싱턴군축조약에 따라 일시적으로 진수부가 폐지되면서 해군요항부(海軍要港部)로 격하되어 인구가 감소하고 산업이 침체되었지만, 1936년 7월에 요항부가 진수부로 격상되면서 인구가 증가하고 산업의 발전이 뒤따랐다. 동서로 나뉘어 있던 마이즈루는 대군항도시를 건설하자는 해군의 요청에 따라 1943년에 합병하여 인구 15만의 대도시로 성장했다.

---

13) 사세보 시에 주둔하고 있는 기지의 구체적인 내역에 관해서는 사세보 시 누리집 참조(http://www.city.sasebo.lg.jp/kichisei/dokuhon.html).

패전 후에는 미 진주군 마이즈루 분견대가 주둔했지만 대규모 부대의 주둔은 이루어지지 않았다. 1945년 10월에 해군이 폐지되었다가 1952년 4월에 보안청 경비대가 발족함에 따라, 8월에 마이즈루 지방대가 설치되고 지방총감부가 개청했다. 현재(2014년 3월 13일) 마이즈루에는 마이즈루 지방대 산하에 제3호위대, 제7호위대, 제14호위대, 제1해상보급대, 제21항군군 등의 자위대 병력이 배치되어 있다.

〈그림 4〉 현재 일본 해상자위대의 지방대-지방총감부 편제

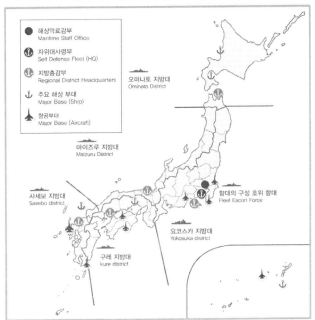

다음 장부터는 히로시마 만의 전쟁 경험과 그것의 역사적 유산을 육군도시 히로시마와 해군도시 구레를 중심으로 살펴보고, 전후 히로시마 만이 군사화되는 과정에서 히로시마 시와 구레 시의 '엇갈린 운명'에 초점을 맞추어 살펴보겠다. 특히 '히로시마 평화기념도시건설법'을 통해 평화도시가 된 히로시마 시와 '구군항도시전환법'의 굴절을 통해 군사도시에서 벗어나지 못한 구레 사이에 놓여 있는 역사적 체험의 차이, 그리고 대중문화 차원에서 '우주전함 야마토'를 통해 전함 야마토에 대한 향수가 히로시마의 '원폭담론'과 어떤 관계를 맺는지 등을 분석할 것이다. 이어 구레에서 야마토 뮤지엄 건립을 둘러싼 '기억의 정치'의 양상, 그리고 야마토 뮤지엄이 건립된 이후의 상황, 야마토 뮤지엄 건립 이후 히로시마 만 지역의 시민 사회에서 제기된 야마토 뮤지엄에 대한 비판 등을 다룬다.

서울대학교 일본연구소
Reading Japan 16

제2장
히로시마 만의
전쟁 경험과
역사적 유산

구레의 전쟁 경험을 기억하고 기념하려
는 주체나 주제, 기념방식에는 여러 흐
름이 존재해 왔으며, 매년 위령제를 통
해 지역 차원에서 반복적으로 재생되어
왔다는 점을 확인할 수 있다. 그런 의미
에서 보면, 1990년대 중후반부터 시작
된 구레해사역사과학관, 즉 야마토 박물
관 기획이 가지는 독특성은 일본의 한 지
역(local) 차원에서 재생되어 왔던 전쟁
기억을 전국화(nationalization)하려는 시
도라는 점에 있다.

히로시마 만의
전쟁 경험과 역사적 유산

히로시마 만은 히로시마 현과 야마구치 현에 접해 있으며, 주요 도시로는 히로시마 현의 히로시마 시와 구레 시, 야마구치 현의 이와쿠니가 있다. 이 세 도시는 전전과 전쟁 기간에 일본의 대표적인 군사도시로 성장했다는 공통점을 지니고 있다. 그러나 그 구체적인 내용이나 전후까지 이어진 역사적 경로는 상당히 달랐다. 히로시마와 구레는 일찍부터 일본의 근대국가 수립과 제국적 팽창의 첨병 역할을 담당했으며, 각각 대표적인 육군의 군사도시와 해군의 군항도시로 발전했다. 이와쿠니는 전쟁 말기에 해군의 비행기지가 되었다. 전후에 히로시마가 '평화도시', 구레가 해상자위대의 '군항도시', 이와쿠니가 미 해병대의 '기지도시'로 성장한 경로들이 어느 정도나 전전과 전중의 역사에서 기인했는가는 세심한 평가를 필요로 하는 문제다. 그러나 일본의 제국적 팽창과 전시 체제하에서의 경험이 이 도시들을 포함한 히로시마 만의 전후 역사에 깊은 그림자를 드리웠다는 점은 부인하기 힘들다고 생각된다. 이 장에서는 전전과 전중 기간에 히로시마 만의 도시들이 경험했던 유사하면서도 상이한 경로들을 간단하게 추적해 보고자 한다.

1. 육군도시 히로시마와 해군도시 구레

1) 육군도시 히로시마의 군사화와 전쟁

히로시마 시는 근대국가 일본의 건설 과정에서 가장 먼저 발달한 지방도시 가운데 하나이며, 초기 지방도시의 성장 경로를 전형적으로 보여 주는 사례라고 할 수 있다. 히로시마 시가 제공하는 『히로시마의 역사(広島の歴史)』에 따르면, 1888년 4월에 시제정촌제가 공포되고 1889년 4월 1일에 히로시마는 일본 최초의 시 가운데 하나로 지정되었다. 당시 시의 면적은 약 27㎢, 호수는 2만 3,824호, 인구는 8만 3,387명이었다. 1884년에는 우지나 항(宇品港)

공사가 마무리되었고, 1894년에는 산요철도가 히로시마까지 연결되어 주고쿠 지방의 중심도시가 되었다.

히로시마 시의 이른 성장은 일본의 제국적 팽창과 군사화에 밀접하게 연결되어 있다. 메이지 정부는 1871년에 병제(兵制)개혁을 단행하여 전국을 도쿄, 오사카, 진제이(鎭西: 규슈지역), 도호쿠의 네 진대(鎭台)로 나누었고, 이때 히로시마에 진제이 진대 제1분영이 설치되었다. 1873년에는 전국을 6군관으로 나누었고, 히로시마에는 제5군관 히로시마 진대가 설치되었다.[1]

또 1888년에는 사단사령부조례가 공포되어 히로시마 진대가 폐지되고 제5사단사령부가 설치되었다. 1894년 8월의 청일전쟁을 계기로 히로시마와 우지나 항 간의 군용철도가 개통되었고, 우지나 항으로부터 히로시마의 제5사단을 비롯한 많은 병사와 무기, 군량이 한반도와 대륙으로 운송되었다. 이때 히로시마를 거쳐 출병한 병사는 17만 1,098명에 이른다.[2] 특히 9월 8일에는 일본군 대본영의 히로시마성 내로 이주가 발표되었고, 15일에는 메이지 천

---

1) 나머지는 도쿄, 센다이, 나고야, 오사카, 구마모토에 설치되었다.
2) 広島県·広島市, 「ひろしま復興·平和構r築研究事業 報告書, 広島の復興経験を生かすために―廃墟からの再生―」, 広島県·広島市(国際平和拠点ひろしま構:想推進連携事業実行委員会), 2014, 14쪽.

황이 방문했다. 이후 임시 제국의회도 개최되는 등 히로시마는 제국 일본의 임시 수도의 역할을 담당하는 한편, 일본의 대륙 침략에서 파병기지와 병참기지로서의 역할을 담당했다.

　　1904~1905년의 러일전쟁 등을 계기로 히로시마에는 군 관련 시설들이 차례로 설치되어, 히로시마는 일본의 군사적 거점으로 성장해 나갔다. 개전 직전에 3,200명에 불과하던 우지나의 인구는 전쟁 후에 9천 명으로 급증했고, 그 외에 군사 운송에 종사하는 인부가 3천 명에 달했다. 다른 한편, 1912년에는 히로시마전기궤도주식회사가 경영하는 시내 전차가 운행을 시작하여 도시의 경관을 크게 바꾸었고, 히로시마는 보다 근대적인 도시의 모습을 갖추어 나갔다. 1929년에는 인접한 7정촌과 합병을 실현하여, 히로시마는 인구 27만으로 일본에서 7번째로 많은 인구를 거느린 대도시로 성장했다. 1932년에는 우지나 항이 히로시마 항으로 이름을 바꾸었고, 1940년에는 공업항 건설과 연안을 매립하여 임해공업지대로 만드는 사업이 시작되었다.

　　이러한 히로시마의 팽창은 1931년에 벌어진 만주사변과 뒤이은 중일전쟁, 아시아·태평양전쟁으로 이어지는 일련의 전쟁들과 밀접하게 연결된 것이었다. 히로시마의 시민과 현민들은 신문 보도나 군부 캠페인의 영향하에서 적극적으로 전쟁을 지지했다. 1931년 9월 26일에는 제국 재향군인회 히로시마 시연합분회와 주고쿠신문사 주최로 군사대강연회가 열렸고, 11월 3일에는 히로시마 시정총대 연합회(広島市町総代聯合会)가 시국문제시민대회를 개최했다. 히로시마 우지나에서 중국 대륙으로 떠나는 군부대 환송식도 성대하게 열렸다. 11월 17일에 제8사단이 우지나를 출발할 때는 10만 명이 나와서 환송했고, 12월 21일에 히로시마에 주둔하던 제5사단이 '출정'할 때 환송 인파는 13만 명에 달했다.[3]

1937년 7월에 중국과 전면전에 돌입한 이후에 제5사단을 비롯한 3개 사단이 출병할 때도 마찬가지였다. 10월 2일부터 제5사단의 유골이 도착하자 지자체별로 성대한 장례식을 진행했고, 12월 13일에 중국의 남경을 함락하자 히로시마 시에서 10만 명이 승전을 기념하는 제등 행렬에 참여했다. 일본이 하와이 진주만을 기습공격한 직후인 1941년 12월 10일에는 히로시마 현과 히로시마 시, 대정익찬회 현지부 주최로 대미영선전필승 히로시마현민대회가 히로시마 호국신사 앞에서 개최되었다.

3) 広島県·広島市, 「ひろしま復興·平和構r築研究事業 報告書, 広島の復興経験を生かすために—廃墟からの再生—」, 2014, 15쪽.

그러나 연합군의 반격에 따라 일본군의 전세는 악화되었고, 1945년 4월에는 본토 결전에 대비하여 동일본을 총괄하는 제1총군(사령부 도쿄)과 제2총군(사령부 히로시마)이 설치되었다. 6월에는 제59군이 창설되어 히로시마 사관구사령부가 주고쿠군관구사령부가 되었고, 이에 발맞추어 주고쿠지방총감부가 히로시마 시에 설치되었다. 전쟁 말기에 히로시마에는 일본 서부 지역의 결전의 중추로서 제2총군사령부, 육군의 선박운동의 중추로서 선박사령부, 주고쿠지방 육군 부대들의 중추로서 주고쿠군관구 등이 들어서 있었다. 이처럼 히로시마 시의 인구와 산업의 팽창은 일본의 제국적 팽창과 침략전쟁에 깊게 결합되어 있었고, 전쟁 말기에 이르러 히로시마는 점점 더 일본 육군의 가장 중요한 군사거점이 되었다.

2) 해군도시 구레의 군사화와 전쟁

일본 육군의 군도(軍都)로 성장해 간 히로시마와 달리, 구레는 메이지 시기부터 해군과 군항, 그리고 해군공창의 성장에 따라 도시의 발전이 이루어졌다는 특징을 지니고 있다. 이 과정을 2002년에 구레 시가 펴낸『구레 시 정소식(呉市政だより)』2002년 10월 특집호, 「구레 시 100년의 발차취(呉市100年の歩み)」를 중심으로 정리하고자 한다.

해군도시 구레의 발자취는 1883년으로 거슬러 올라간다. 당시 새로운 군항 용지를 찾고 있던 일본 해군은 1884년에 구레 만의 넓이나 깊이, 주위가 산과 섬에 둘러싸여 있는 조건이 방어에 적절하다는 등의 이유로 구레를 군항의 적지라고 판단했다. 1886년에 전국을 5해군구로 나누면서, 구레 포에 제2해군구의 진수부가 설치되었다.

구레 진수부의 공사는 작은 항구마을이었던 구레에 외부인이 대규모로 유입되는 계기가 되었다. 공사에는 하루 1만 8천 명의 노동자가 종사했다고 한다. 하지만 당시의 공사 현장은 매우 열악했고, 하루에 약 50명의 사상자가 나오기도 했다. 1890년 3월에는 구레 진수부의 주요 시설인 진수부 본부, 해병단, 병원, 병기고, 조선부, 과녁장, 연병장, 수뢰국 등이 완성되었다. 이 과정에서 구레 주민들의 생활도 급변했다. 구레의 인구는 1886년 1만 5천 명에서 1891년에 2만 3,312명으로 급증했다. 해군의 시설들이 들어서는 과정에서 구레 시의 주요 시가지와 도로의 골격이 갖춰졌다. 주로 어업에 종사하던 구레의 주민들은 구레 항에 민간선의 출입이 제한되자 가와라이이시(川原石)로 이주하거나, 군인이나 노동자에게 숙식을 제공하는 서비스업으로 전환하게 되었다.

1889년 7월 1일에 구레 진수부가 개청되어 군항도시 구레의 면모가 시작된 한편, 1897년에는 조선부가 조선창으로 흡수·개편됨과 동시에 최초의 군함인 미야코 호(宮古, 1,772톤)가 진수됨으로써 해군공창도시 구레의 면모가 드러나기 시작했다. 히로시마의 경우와 마찬가지로, 구레 역시 1894년의 청일전쟁을 계기로 병기부가 구레해군 무기제조창으로 확충되었고, 이것은 구레가 일본 해군이 목표로 한 '병기독립'의 거점이 된다는 것을 의미했다. 러일전쟁을 앞둔 1903년 11월, 구레해군 조선창과 구레해군 무기제조창은 해군 직영의 병기제조공장인 구레해군공창으로 통합되었다. 이후, 구레해군공창은 계속 확장하여 '제국해군 제일의 제조소'로 성장했다. 1907년에 당시 세계 최대의 전함인 '아키' 호(1만 9,800톤), 1911년에 2만 톤이 넘는 전함 '세츠' 호, 1914년에는 세계 최초의 3만 톤 대전함인 '후소'(3만 600톤) 등을 차례로 진수했다. 구레해군공창의 팽창에 따라 구레 시제가 실시된 1902년의 인구는 6만 명을 넘어섰고, 1910년에는 10만 명을 돌파했다.

구레의 주요 시설 건설에는 조선인 노동력도 동원되었다. 최초로 조선인 노동력이 동원된 것은 1910년 해군감옥의 건설이었다. 1934년 기차 터널 공사에서는 조선인 노동자들이 터널 붕괴로 생매장되는 사건이 발생하였다. 전쟁 말기의 도로 공사, 방공호 파기, 탄광 노동에 다수 조선인 노동자들이 동원되었다. 에다 섬이나 쿠라바시(倉橋)의 해군연료탱크건설에도 동원되었다.

구레와 한국인의 관계를 언급할 때, 우범선−우장춘 부자를 언급하지 않을 수 없다. 우장춘은 구레중학 출신이다. 그의 부친인 우범선이 명성황후 살해사건에 개입되어 일본으로 피신하였는데, 1903년 암살되어 구레의 한 절에 묻혔다. 그의 묘비가 남아 있는데, 친일파의 거두였던 조희연이 그의 묘비명을 썼다.

해군공창의 도시가 되면서 구레는 군비확장 시기에는 활황을, 그리고 군축이나 평화 시기에는 불황과 실업을 경험하게 되었다. 1921년에 항공기부·조기부 등으로 개청한 구레해군공창의 히로지창(広支廠)은 1923년에 히로해군공창으로 독립하여 기관과 항공기 생산에 주력했다. 하지만 제1차 세계대전을 전후한 군비확장 시기에 팽창했던 구레 공창은 1930년 런던 군축회의의 여파로 다음 해에 직원의 약 20%인 3,723명을 해고하게 된다.

〈표 1〉 구레 시의 인구 및 구레 공창 근무 공원(工員) 수 추이

년도	1921	1925	1930	1935	1940	1941	1943	1944	1945
인구수	142,111	139,380	190,282	231,333	238,195	300,077	404,257	293,632	152,184
공원 수	31,728	20,297	19,204	31,502	40,173	73,058	83,956	97,241	82,417
비율(%)	22.3	14.6	10.1	13.6	16.9	24.3	20.8	33.1	54.2

* 출처: 인구수는 구레 시 제공 통계 자료, 공원 수는 『吳市の歷史』, 2002, 286~287쪽.
* 표에서 1920년대 중반에 공원 수 감소는 국제군축회담에 따른 조선·철강산업 쇠퇴에 따른 것이며, 1940년대 비율의 증가는 공원의 증가와 주민 소개(疏開)에 따른 것임.

　　1931년의 만주사변과 뒤이은 일본의 전쟁은 구레의 인구와 산업 팽창에 결정적인 역할을 담당했다. 1930년에 17,371명이던 직공은 1936년에 3만여 명으로 늘었고, 구레의 인구도 1930년에 19만여 명이던 것이, 1936년에 24만여 명으로 늘었다. 위의 〈표 1〉에서 확인할 수 있는 것처럼, 구레의 성장은 해군공창 노동자의 유입과 방출에 크게 좌우되었으며, 전쟁 말기로 갈수록 '해군공창의 도시'로서의 성격이 강화되었다는 것을 알 수 있다.

　　이 과정에서 구레의 팽창을 언급하는 말로서, "경기는 구레로부터(景氣は吳から)"라는 말이 회자되었다. 군비확장에 따른 경기 호황에 힘입어 구레 시내에는 지방도시에는 드문 모던한 찻집이나 호화로운 요정, 영화관, 양장점, 레스토랑 등이 들어섰다. 1935년에는 '소비도시에서 산

업도시로'라는 명목으로 '국방과 산업 대박람회'가 개최되어 70만 명 이상이 구레를 방문했다. 그러나 1941년 12월 8일의 진주만 공격 이후, 구레 시민의 생활도 압박을 받기 시작했다. 식료품 부족이나 영양불량이 문제로 대두되었고, 방공훈련이나 근로봉사, 출정 병사의 전송식 등이 반복되었다. 그리고 1945년 3월부터 일본 해군의 생산 및 출병 기지였던 구레에 대한 연합군의 공습이 시작되었다.

〈그림 5〉 1945년에 미군이 촬영한 구레 군항과 구레 공창의 모습

출처: 야마토 뮤지엄.

2. 히로시마와 구레의 전쟁 경험과 기억

1) 히로시마의 전쟁 경험과 기억

1945년에 접어들면서 일본의 본토에 대한 공격과 공습이 예견되는 가운데 히로시마 전역에서 건물에 대한 소개(疏開) 작업이 이루어졌다. 히로시마 시에서는 1944년 11월, 133개소 8,200평에 대한 건물소개가 고시되었고, 이어서 5차에 걸쳐 5,901건이 실시되었고, 제6차 2,500건이 실시되는 가운데 8월 6일을 맞이하게 되었다. 이와 더불어 공습대책으로 대도시의 학생들에 대한 소개 작업도 실시되었다. 초등학교 3학년에서 6학년까지의 학동들이 대상이었고, 7월까지 집단 소개 8,500명, 연고지 소개 1만 5,000명에 이르렀다. 이 아동들 대부분은 8월 6일의 원폭 투하에 의해 직계가족과 돌아갈 집을 잃어버리게 된다.[4] 태평양전쟁이 발발했던 1941년 말에 41만 3,889명에 달했던 히로시마의 인구는 1944년 이후 병역에 종사한 사람(1만 6,208명)과 피난민(10만 1,200명)과 어린 학생의 피난 등이 이루어져, 1945년 6월 말경 미곡배급 등록인구는 24만 5,423명으로 감소했다. 8월 6일 무렵, 히로시마에 주둔

---

4) 広島県·広島市,「ひろしま復興·平和構r築研究事業 報告書, 広島の復興経験を生かすために―廃墟からの再生―」, 2014, 16~17쪽.

하던 육군 인원은 약 4만 명으로 추정된다. 히로시마 지역의 여러 기업에 고용된 피고용자 수는 약 13만 명으로 추산되는데, 일본제강소히로시마제작소, 동양공업, 육군피복지청, 미쓰비시중공업의 히로시마조선소와 히로시마기계제작소 등의 10대 공장에 5만 3,361명이 종사하고 있었고, 6,191개의 공장에 약 8만 3,671명이 생산 활동에 참여하고 있었다. 식민지 조선에서 끌려온 징용공 역시 많은 사람들이 히로시마에 거주하고 있었다. 8월 6일 원폭이 투하될 당시에 히로시마에는 거주자, 군인, 통근 등의 이유로 히로시마 시에 들어온 사람을 포함하여 35만 명 정도의 사람이 있었다고 추정된다.

1945년 5월에 미국은 원자폭탄의 투하 목표로 교토와 히로시마 등 4개 도시를 선정했는데, 몇 차례의 목표지점 변경이 있었지만, 원폭이 가져올 효과를 파악하기 위해 이들 도시에 대한 공습은 금지되었다. 7월 25일, 미국의 트루먼 대통령은 원폭 투하 지령을 승인하였고 히로시마, 고쿠라(小倉), 니가타(新潟), 나가사키(長崎) 중 하나의 도시에 투하하기로 했다. 일본이 7월 26일에 발표된 포츠담선언에 아무런 반응이 없자 8월 2일, 미국은 원폭 공격을 8월 6일에 실시하기로 결정하였고, 제1목표는 히로시마였다. 그리고 8월 6일, 히로시마에는 우라늄형 원자폭탄인 '리틀보이'가 투하되었고, 이어서 8월 9일에는 나가사키에 플루토늄형 원자폭탄 '팻맨'이 투하되었다.[5)]

원폭에 의한 사망자 수는 아직까지도 정확하게 파악되고 있지 않다. 히로시마 시가 2013년 3월에 펴낸 『원폭피폭자동태조사사업보고서』에 따라 현재까지의 조사 결과를 보면 다음과 같다. 히로시마 현 경찰부가 1945년 11월 30일 파악한 자료에 따르면, 군관계자를 제외하고, 사망자가 7만 8,150명, 행방불명이 1만 3,983명에 달한다. 한편, 군관계자의 피해에 대해서는, 1945년 11월에 여러 부대의 서류를 전부 조사한 결과, 사망자 9,242명, 생사불명 889명에 달했다. 실제 사망자 수에 대해서는 다양한 추정이 이루어져 왔는데, 히로시마 시가 1976년에 유엔에 제출한 자료에는 1945년 말까지 사망자 수가 13만~15만 명에 달한다. 최근의 자료에 따르면, 원폭 당시의 직접 피폭자 38만 4,743명, 이후에 히로시마 시에 들어가서 피폭당한 사람이 11만 8,861명, 그 이외의 경우를 포함하여 모두

---

5) 최근에는, 원폭 투하의 목적이 다수의 미군이나 일본인의 인명을 구하려는 데 있었다는 미국의 전통적 견해를 부정하는 연구들이 다수 발표되고 있다. 군사적 이유가 아니라 전후 냉전 체제 최초의 외교 전쟁에서 전략적 우위를 선점하기 위해 원폭 투하를 결행했다는 견해가 유력하다. 여기에 대해서는 권혁태, 『일본의 불안을 읽는다: 일본 트라우마의 비밀을 푸는 사회심리 코드』, 130~131쪽을 참조할 것.

55만 7,478명으로 집계되고 있다. 이 가운데 8월 6일의 사망자는 5만 3,644명, 다음날부터 1945년 말까지의 사망자는 3만 5,334명(1945년의 사망자는 총 8만 8,978명)으로 집계되고 있다.[6)]

　이와 같은 엄청난 피해와 더불어, 원폭은 방사성 물질에 의한 지속적인 피해를 남겨 2세와 3세에까지 원폭피폭의 고통이 이어지고 있다. 요컨대, 히로시마 시의 전쟁 경험은 1945년 8월 6일의 원폭피폭 경험에 의해 지배되어 왔으며, 이러한 전쟁 경험은 일본 본토와 다른 지역과 히로시마를 구별하는 커다란 차이를 발생시켰고, 이후에 히로시마가 '평화도시' 건설로 나아가는 배경이 되었다.

　히로시마의 원폭 피해에 관해서는 폭심지 주변과 히로시마 평화기념공원 주변에 다양한 기념물들이 건설되어 있다(〈그림 6〉 참조). 그런데 히로시마에는 이 이외에도 다양한 전쟁 유적과 기념물들이 존재한다. 전쟁 유적

---

6) 한편, 나가사키 시가 2009년에 펴낸 『원폭피폭자동태조사사업보고서』에 따르면, 나가사키에 투하된 원자폭탄에 의한 희생자는 1945년 말까지 3만 2,054명으로 파악되고 있다. 나가사키 시원폭자료보존위원회가 1950년에 발표한 추계치는 7만 4천 명에 이르는데, 이것은 1945년 5월 말 나가사키의 배급인구에서 피폭 후의 거주자 수를 뺀 수치다. 국립나가사키원폭사몰자추도평화기념관에는 6만 명~8만 명으로 표시되어 있다. 한편, 동 보고서에서 파악한 총 피폭자 수는 24만 4,980명에 달한다.

가운데 대표적인 것으로는 일본군대본영 터가 있지만 현재는 기석(基石)만 남아있는 상태다. 히로시마 평화기념공원에서 동쪽으로 약 2㎞에 위치하고 있는 히지산(比治山)의 '히지야마 육군묘지'는 일본의 침략전쟁 전반에 동원되었던 히로시마의 역사를 잘 보여 주는 유적이자 기념물이다(〈그림 7〉 참조). 1872년 진대(鎭台)장병 묘지로 건설되어, 서남전쟁부터 청일전쟁, 러일전쟁, 시베리아출병, 노몬한사건, 태평양전쟁에서 전사한 (오키나와를 제외한) 46도도부현 출신의 4천 5백여 명의 묘가 놓여 있다. 이 묘지는 1941년 일본군부가 미군의 공습에 대비하여 고사포 진지를 구축하기 위해 철거할 계획을 세웠고, 1944년부터 철거 공사를 시작했으나 원폭 투하로 중단되었다. 이곳은 현재도 국가에서 관리하는 묘지로 인정받지 못하고 있다.

〈그림 7〉 히지야마 육군묘지의 모습

이곳은 피폭 당시에는 많은 피폭자들이 몰려들어 폐허가 된 히로시마를 내려다 본 장소이기도 하다.

　미 점령군은 1947년에 원폭상해조사위원회(ABCC)를 설치하고 원폭 피해에 대한 조사를 실시했고 1951년에는 그 데이터를 지킨다는 명목으로 인근의 묘지를 이전하려 했다. 이 과정에서 유족과 시민들이 강력히 반대했지만, 일본정부와 후생성은 유족들에게 묘지를 제공할 것을 강요하기도 했다. 현재의 모습으로 묘지가 정리된 것은 1960년 무렵이다. 일본국가에 의해 방치된 이 '히지야마 육군묘지'는 일본의 침략전쟁에 관여해 왔던 히로시마의 역할을 잘 보여줌과 동시에 그러한 역사가 비주류화되어 있다는 것을 잘 보여 주는 기념물이라고 할 수 있다. 이 이외에도 히로시마 항 주변에는 일본군의 침략전쟁 출정식을 기념하는 다수의 기념비가 남아 있지만, 이들 역시 히로시마의 전쟁 기억에서 밀려나 있다.

엄청난 규모의 원폭 피해는 히로시마의 전쟁 경험에 대한 기억을 1945년 8월 6일 오전 8시 15분으로 고착화시키는 결과를 가져왔다. 이것은 히로시마 평화기념자료관에 전시된, 피폭 당시 시간에 멈춰버린 '원폭시계'에 의해 상징적으로 표현되고 있다(〈그림 8〉 참조). 이러한 경향은 원폭 투하 이전의 전쟁동원 경험에 대한 무시나 왜소화를 초래했을뿐만 아니라, 이후에 살펴볼 것처럼, 평화운동의 여러 부문들 가운데 반핵운동, 특히 핵무기 폐기운동을 절대화하는 데 일조하기도 했다.

〈그림 8〉 멈춰버린 원폭 시계

2) 구레의 전쟁 경험과 기억

전쟁에 관한 기억이 원폭 피폭에 의해 재구성된 히로시마와 달리, 구레의 전쟁 경험과 기억에는 원폭 피폭에 관한 기억도 존재하지만 그것보다는 전전부터 구레가 담당해 왔던 해군공창으로서의 역할과 해외 출병의 거점으로서의 역할, 그리고 전쟁 말기의 미군 공습에 의한 피해 등이 강조되고 있다.

우선, 구레의 전쟁 경험에서 가장 강조되었던 부분은 미군의 공습에 의한 피해다. 미군의 공습은 1945년 3월 19일 구레 군항에 대한 공격을 시작으로, 5월 5일 히로공창 공습, 6월 22일 구레 공창 공습, 7월 1일~2일의 구레 시가지에 대한 공습, 그리고 7월 24일과 28일의 구레 군항에 대한 공습 등 6회 정도로 알려져 있다. 이 가운데 가장 큰 피해를 가져온 것은 7월 초에 있었던 시가지 공습이었다. 7월 1일 자정 무렵부터 2일 새벽 사이의 공습은 구레 역사에서 자주 거론되는 전쟁 경험으로, 구레 시가지를 대상으로 소이탄 1,081톤, 약 8만 발(또는 16만 발)을 투하하여 시민 1,817명이 죽고, 전소가옥이 2만 2천여 호, 피재자가 약 12만여 명에 이르는 것으로 기록되었다. 당시 중학교 2학년 이상은 공창에 동원된 시기였는데, 이 공습은 단위 면적당 투하 폭탄수가 세계 최대라고도 할 정도로 압도적인 것이었으므로, 후일의 전쟁 기억에서 전쟁의 참혹성을 상징하는 사건이 되었다.[7] 이 공습에서는 소이탄으로 인한 가스와 화재로 방공호에 피신해 있던 사람들이 질식사하고 대규모 화재로 인하여 사망하였다.

7월 24일과 28일에 이루어진 공습은 각각 제1차 구레 해공전, 제2차 해공전으로 불리는 있는데, 구레 군항에 정박해 있던 군함들을 주공격 대상으로 삼았다. 이 때 남아 있던 일본 해군의 전력이 거의 궤멸되었다. 지역의 평화운동가들은 7월 24일의 공습과 응전을 통해 구레가 '전장'이 되었고, 7월 28일의 공습을 통해 일본 해군의 '묘장(墓場)'이 되었다고 표현하였다.[8] 구레를 대상으로 한 공습은 6차례에 불과했지만 그 피해는 막대한 것이었고, 구레는 군항으로서의 기능을 상실했다. 그리고 1945년 8월 15일의 패전을 맞이하게 되었다.

구레의 전쟁 경험이 어떻게 기억·기념되고 있는가를 살펴보려면 구레 시내 곳곳에 마련된 각종 기념물들을 살펴보는 것이 한 가지 방법이 될 수 있다. 2005년에 개관된 야마토 뮤지엄이 구레의 전쟁 경험을 야마토라는 전함에

---

7) 齊藤久仁子, 「呉空襲—無差別爆擊の實態」, 呉市民平和講座 제 1회, 2006.7.
8) 『ピースリンク叢書』14, 2008. p.82.

실현된 첨단 기술을 통해 재구성하기 이전에, 구레 시내에는 10여 개 이상의 각종 기념물과 기념공원이 조성되어 있었다(呉戦災展実行委員会編, 1995).

〈그림 9〉 구레 해군묘지의 모습

가장 대표적인 기념물로는 구레 시내에서 조금 떨어진 곳에 위치하고 있는 '구레 해군묘지'를 들 수 있다(〈그림 9〉 참조). 이곳은 해군군인과 군속의 합동묘역으로 1890년에 해군이 설치한 묘지다. 전후 여러 차례에 걸쳐 정비되었고 1986년에 구레 시에 무상으로 양도되었다. 여기에는 개인묘비 164기, 위령비 88기가 있으며, 1990년대 이후 여러 개의 위령탑이 새로 건립되었다. 최근에 건립된 위령탑들 대부분은 시민들이 전쟁 희생자를 기리기 위해 만든 이전의 위령탑보다 훨씬 큰 규모를 자랑하며, 해군의 '영광'을 기리기 위한 내용을 담고 있다. 매년 개최되는 위령제에는 해상자위대 역시 참가하고 있다.

〈그림 10〉 전재조난자공양탑과 석불

1945년 7월 2일의 공습으로 숨진 2천여 명의 명복을 빌기 위해 1950년 9월 23일 건립했다. 2009년 2월 4일 촬영.

〈그림 11〉 전재조난자공양탑과 석불

1945년 7월 1일의 공습으로 숨진 5백여 명의 명복을 빌기 위해 1963년 7월 1일 건립했다. 2009년 2월 4일 촬영.

민간에서 만든 기념비로는 '구레 시 전재조난자공양탑'이 있다. 1945년 7월 1~2일의 시가지 공습에 희생당한 약 2천 명의 명복을 빌고 인류의 평화를 염원하기 위해 제작되었다고 한다. 지역의 명망가들이 '구레 시 전재사자공양봉찬회'를 만들고 시민들의 협력을 얻어 1950년 9월 23일에 건립한 것이다. 매년 7월 1일에 지역 주민들이 위령제를 열고 있다. 이와 비슷한 기념물로는 '지장존(地藏尊)·공양탑'이 있다. 이 기념비 역시 7월 1~2일의 공습에서 희생된 사람들을 기리기 위한 것으로, 특히 지장존 근처의 방공호에서 숨진 550명의 민간인들의 명목을 빌기 위해 건립되었다. 1963년 7월 1일에 현지의 주민들에 의해 건립된 것이다.

〈그림 12〉 순국의 탑

1945년 6월 22일의 공습으로 '순직'한 476명의 군인, 학생들을 기리기 위해 1965년 11월 23일에 건립. 뒤쪽으로 중학생들이 만든 그림을 모자이크로 만든 기념물이 보인다. 2008년 6월에 현재의 모습으로 재건 및 이전. 2009년 2월 4일 촬영.

'순국의 탑'은 1945년 6월 22일 구레 공창 공습에 의해 사망한 동원학도와 여자 정신대(挺身隊)의 명복을 빌기 위한 것으로 불교부인회에 의해 1965년 11월 23일에 건립되었다. 구레의 '히메유리의 탑'이라고도 불린다. 이 이외에도 1910년 4월 15일에 이와쿠니 앞바다에서 조난당한 제6호 잠수정의 함장과 승무원 14명의 위령비인 '제6호잠수정순난현창비', 1945년의 5월 5일의 히로공창 공습에서 숨진 희생자들을 기리기 위한 '공양신사'(1946년 11월 24일 건립), 역시 히로공창 공습으로 숨진 사람들을 위령하기 위해 건립한 '전사자의 비'(1950년 5월 5일 건립) 등이 존재한다.

해군공창이었던 구레의 역사를 반영한 기념물로는 '순직자초혼비'가 있다. 이 비는 1922년에 건립된 이래, 1893년부터 1945년까지 구레해군공창에서 순직한 순직자들의 초혼비 역할을 해 오다가 1975년 8월 15일부터 구레 군항 창설 이후 구레해군 진수부 관하에서 사망한 비전투원 순직자들이 합사되어 그 명부와 함께 봉안되어 있다. 매년 7월 1일의 구레전재기념일에 위령제가 거행되고 있다.

간략히 살펴본 것처럼, 구레의 전쟁 경험을 기억하는 기념물들에는 몇 가지 특징이 있다. 첫째, 전후에 건설된 구레의 많은 기념물들은 미군에 의한 구레 공습의 희생자들을 기념하고 있는데, 이것은 야마토 뮤지엄이 건설되기 이전까지 구레의 전쟁 기억에서 공습이 차지하는 비중이 컸다는 것을 말해준다. 둘째, 제국일본의 팽창과 함께 성장한 군항도시 구레, 기지도시 구레의 역사를 반영한 기념물들(예컨대, 구레 해군묘지나 잠수정순난현창비 등)이 존재하고 있다. 셋째, 구레 해군묘지는 청일전쟁 이후부터 구레가 담당했던 군사적 역할을 기념하고 있는데, 그 기념 방식은 점점 더 제국일본의 영광을 상기시키는 방식으로 변모하고 있다. 넷째, 해군공창으로서의 구레의 역사를 반영한 '순직자초혼비'는 전반적인 구레의 전쟁 기억 속에서 비주류화된 것이기는 하지만, 구레만의 독특함을 보여 주는 것이다.

이처럼 구레의 전쟁 경험을 기억하고 기념하려는 주체나 주제, 기념방식에는 여러 흐름이 존재해 왔으며, 매년 위령제를 통해 지역 차원에서 반복적으로 재생되어 왔다는 점을 확인할 수 있다. 그런 의미에서 보면, 1990년대 중후반부터 시작된 구레해사역사과학관, 즉 야마토 박물관 기획이 가지는 독특성은 일본의 한 지역(local) 차원에서 재생되어 왔던 전쟁 기억을 전국화(nationalization)하려는 시도라는 점에 있다. 특히 야마토 박물관의 기획은 구레가 야마토를 생산한 첨단기술의 집적지라는 점을 강조함으로써 일반적으로 전쟁 경험이 가지는 비극성을 탈피하여 긍정적인 자부심을 부여하려 한다는 점에서 이전의 재현방식과는 상당한 차이를 보여 준다고 할 수 있다.

제3장
히로시마 만의
군사화와
'포위된 평화'

평화도시 히로시마의 기반이 된 원폭에 대한 공포를 극복할 수 있게 해 주는 영웅적 '전함'의 이야기는, 평화도시 히로시마를 둘러싼 군사기지들의 역할에 대해 새로운 담론을 제공할 잠재적인 자원이 되었다. 그것은 '평화를 지키는 군대 혹은 기지'라는 담론이었다. '군대에 의해 유지되는 평화'라는 담론은 정치적 우파들에 의해 강력하게 지지되는 평화에 대한 매우 유력한 담론 중 하나이다.

히로시마 만의
군사화와 '포위된 평화'

1. 평화도시로의 전환을 위한 모색과 좌절

: '평화기념도시건설법'과 '구 군항시 전환법'의 엇갈린 운명

1) '평화기념도시건설법'과
'구 군항시 전환법'의 내용

히로시마와 구레 두 도시는 모두 전쟁이 끝난 후 도
시의 성격 변화를 모색하였다. 히로시마의 경우, 원자폭
탄의 피해를 입은 도시를 재건 혹은 부흥하여 명실상부한
'평화도시'로 만드는 것을 목표로 하였다. 구레는 군항도
시에서 평화적인 항만산업도시로의 전환을 큰 방향으로
결정하였다. 큰 틀에서 이 두 도시는 '군사도시'에서 '평화

〈그림 13〉 1949년 히로시마 시 선거관리위원회에서 제작한
평화도시법 주민투표 독려 포스터

도시'로의 전환을 추진한 것이라고 할 수 있다. 이 두 도시
의 모색을 법률적으로 구체화하여 뒷받침하는 법이 각각
제정되어 실행되었다. 1949년 8월 6일 공포된 히로시마를
대상으로 하는 '평화기념도시건설법'(이하 '평화도시법')1)

1) 히로시마의 경우 '히로시마 평화기념도시건설법'이라는 이름으
로 특별법이 제정된 반면, 나가사키는 '나가사키국제문화도시건
설법'이 1949년 8월 9일 법률 제220호로서 별도로 공포되었다.
각 법률의 공포일은 이 두 도시에 원자폭탄이 투하된 8월 6일과
8월 9일인데, 이러한 사실에서도 이 두 법의 성격이 유사함을 알
수 있다.

과 1950년 6월 28일 공포된 구레, 요코즈카, 사세보, 마이
즈루를 대상으로 하는 '구 군항시 전환법'(이하 '군전법')이
그것이다. 시기적으로 약 1년의 차이가 나는 이 두 법이
처한 역사적 상황의 차이는 이후에 히로시마와 구레의 운
명이 엇갈리는 결정적인 계기가 되었다.

〈표 2〉 평화기념도시건설법과 구 군항시 전환법의 비교

	히로시마 평화기념도시건설법	구 군항시 전환법
배경	최초의 원폭 투하 도시 구 일본군 시설의 완전한 파괴	6차례에 걸친 미군의 대규모 공습 구 일본군 시설의 부분적 파괴
대상 도시	히로시마 시(나가사키의 경우, '나가사키 국제문화도시건설법')	구레, 요코즈카, 사세보, 마이 즈루
제1조 (목적)	항구 평화를 성실히 실현하자 는 이상의 상징으로서 히로시 마 시를 평화기념도시로 건설	구 군항시를 평화산업항만도 시로 전환하는 것으로, 평화일 본 실현의 이상 달성에 기여
주민 투표	1949년 7월 7일	1950년 6월 4일
법안공포 ·실시	1949년 8월 6일, 법률 제219호 로 성립(1999년 12월 22일 법 률 제160호로 최종 개정)	1950년 6월 28일 법률 제220호 로 성립(1999년 12월 22일 법 률 제160호로 최종 개정)
특징	최초의 주민투표 현재까지 히로시마 도시 발전 계획의 기본을 이루고 있음	남아 있던 구 해군의 토지, 공 장, 기계, 고철(함선) 등을 처 리하는 경제적 배분 절차로서 의 성격이 강함.

히로시마를 대상으로 하는 '평화도시법'은 히로시마
를 평화도시로 만드는 데 있어 중앙정부의 자금지원을 가

능케 하는 근거가 되었다. 이 법의 제1조는 '항구적인 평화를 성실하게 실현하려는 이상의 상징으로서 히로시마를 평화기념도시로 건설하는 것을 목적으로 한다'고 규정되어 있다. 1950년 4월 히로시마 시는 이 법을 근거로 「히로시마 평화도시 건설 구상 시안」을 마련하여 다음과 같은 방향을 제시한다. (1) 평화운동의 근거지 구축에 필요한 시설. (2) 평화도시의 분위기를 조성할 수 있는 시설. 여기에서 말하는 '평화도시의 분위기를 조성할 수 있는 시설'이란 폭심지 부근에 넓은 공원을 조성해서 그 안에 평화도시의 기초가 될 수 있는 제 시설을 배치함과 동시에 평화공원 예정지의 남쪽에 100m의 광폭도로(=평화도로)를 건설하는 내용으로 되어 있다. 구체적인 내용은 1952년 3월에 최종적으로 결정되었다. 그 내용은 (1) 폭심지에 용지를 확보해 기념시설을 건설한다. (2) 히로시마 성(城) 및 구 육군용지가 있는 모토마치(基町)에 중앙공원을 건설하고 이곳에 경기장 등의 시설을 건립한다. (3) 시 중심부에 동서로 뻗는 100m 평화 도로를 건설하고 이를 중심으로 20~30m의 간선도로를 종횡으로 500m 간격으로 배치하고 보조도로는 폭 6~20m로 한다. (4) 시내를 관통하는 6개의 하천을 녹지대로 한다.[2]

〈그림 14〉 1950년 5-6월, 구군항시전환법의 찬성 주민투표를
독려하는 구레 시장과 시의원들

출처: 야마토 뮤지엄

　'군전법'은 옛 일본 해군 소유의 토지, 공장, 기계, 고
철(함선) 등을 처리하는 경제적 배분절차로서의 성격이
강하였다. 구레 시는 해군이 없어진 후의 미래 모습을 구
상하면서 구 해군 공창시설의 평화 산업으로의 전환을 시
도하였다. 그 결과 1948년 구레 항을 개항장으로 지정받
았다. 그러나 이것은 별다른 효과를 내지 못했고, 군수산
업의 파괴와 해군 소유 중공업 시설들이 방치되면서 많은

2) 권혁태, 「기억 공간의 재구축: 히로시마 평화공원, 개발과 평화
　이념 사이에서」, 오성훈·성은영 편, 『공간정책의 인문학적 기초
　조성을 위한 연구(II)』, 건축도시공간연구소, 2009b, 174~175쪽.

실업자가 발생하였다. 이러한 곤경을 타개하기 위해 구레 시는 요코스카, 사세보, 마이즈루와 협력하여 '구 군항시 전환촉진위원회'를 결성하고, 여론을 설득하여 '군전법' 제 정을 위해 노력하였다. 이런 점에서 '군전법'은 구레의 새 로운 출발을 상징하는 것이었다.

〈그림 15〉 1950년 4월 11일, 일본 국회의사당 앞에서
구군항시전환법 국회 통과를 기념하는 의원들

출처: 야마토 뮤지엄

'군전법'은 1950년 4월 참의원에서 가결되었으며, 구 레, 사세보, 마이즈루, 요코스카 등 군항도시들을 대상으 로 한 특별법이었다. 전쟁의 유산인 구 해군의 재산을 거 기에 살고 있는 주민들을 위하여 전용하여 평화로운 도시

만들기에 사용하도록 한다는 취지에서 제정되었으며, 주민투표를 통하여 이를 받아들이는 절차를 밟았다. '군전법' 도입과 관련해서 실시된 1950년 주민투표에서 구레는 87.99% 투표에, 92.5%가 찬성한 것으로 나타난다.[3) 이 법에 의하여 구레의 해군공창 제강부는 민간제철소로, 조선부는 민간조선소로 이관되는 등 구레의 군사시설 및 부지가 민간 소유로 변화했다.

2) 구레와 히로시마의 엇갈린 운명
: 군사기지와 평화기념공원 사이에서

'군전법'은 최종적으로 1950년 6월 28일에 성립했다. 그러나 '군전법'은 성립 3일 전에 발발한 한국전쟁으로 인해 의도했던 바를 제대로 이루어내지 못했다. '군전법'에 따라 시의회가 채택한 '평화산업항만도시'로의 전환을 모색하던 구레를 비롯한 군항 도시들은 한국전쟁 발발 직후, 자신들의 항만시설들을 미군에게 다시 넘겨주게 되었다. 당시 미군의 전쟁 수행을 위해 공군기지 및 해군기지가 더욱 필요했기 때문에 구레 등 과거 군항도시의 군사상 유용성이 포기될 수 없었던 것이다. 도시에 따라 다르

---

3) 사세보는 참여율 90%, 찬성율 97%였다고 한다.

지만, 민간의 사용이 허가된 항민시설은 아주 제한적이었다.[4) 군항도시에서 전환하여 평화산업항만도시가 되는데 열렬히 찬성한 압도적 다수의 구레 시민들의 의사는 이렇게 무시된 것이다.

한국전쟁이 종료된 직후인 1954년, 방위청 설치와 함께 육해공 자위대가 발족하였을 때, 구레에는 해상자위대 구레 지방총감부와 구레 지방대가 설치되었다. 당시 함정이 40여 척, 배수량 9천 톤, 대원 1,200명이었다. 해상자위대의 기지가 설치되면서 군사도시 또는 군항도시로서의 연속성이 강화되기 시작하였고, 이후 시정 목표의 하나가 '자위대와의 공존·공영'이 되었다. 구레가 군사화되는 과정은 다음 절에서 좀더 상세히 살펴볼 것이다.

반면, '평화도시법'은 한국전쟁의 발발에 아무런 영향을 받지 않은 것처럼 보인다. 앞에서 살펴 본 것처럼, 한국전쟁이 한참 진행 중이던 1952년 3월에 「히로시마 평화도시 건설 구상 시안」이 완성되었는데, 이 시안 속에는 한국전쟁의 발발로 인해 계획이 변경되거나 방향을 바꾼 양상을 전혀 찾아볼 수 없다. 1949년 법의 제정과 1955년 히로시마 평화기념공원 건립 사이의 기간 동안 평화도시가

---

4) 사세보의 경우, 민간이 이용할 수 있는 항만시설은 20%에 불과했다.

되기 위한 히로시마의 행보는 일관되었던 것이다. 이미 1949년에 단게 겐조(丹下健三, 1913~2005)에 의해 히로시마 평화공원 설계안이 마련되었고, 이 설계안에 따라 1955년 마침내 평화기념공원과 원폭위령비가 만들어지면서 '평화도시' 히로시마의 중심축이 만들어졌다. '평화도시법'은 평화도시 히로시마를 결국 만들어냈던 것이다.

〈그림 16〉 히로시마 평화공원과 평화기념자료관의 모습

출처: 히로시마 평화기념자료관

히로시마 역에서 그리 멀리 떨어져 있지 않은 히로시마 시내 한복판에 만들어진 거대한 공원시설인 평화기념공원은 몇 가지 시설로 구성되어 있다. 주로 박물관 기능

을 하는 히로시마 평화기념자료관, 사망자에 대한 추도 기능을 하는 국립 히로시마 원폭사몰자 추도기념관, 약 25만 명에 달하는 희생자의 명부가 안치되어 있는 원폭사몰자(死沒者) 위령비(〈그림 6〉 참조), 공원 곳곳에 설치되어 있는 각종 위령비, 그리고 샛강을 사이에 두고 공원의 동북쪽에 자리잡고 있는 원폭돔(A-Bomb Dome) 등이 그것이다. 원폭돔의 경우 1996년에 세계문화유산으로 등록되기도 했다. 약 12만㎡의 광활한 면적의 이 공원은 연간 수십만 명의 관광객이 찾아오며, 매년 8월 각종 반핵 집회와 평화 대회가 열리는 장소이기도 하다.

〈그림 17〉 원폭 투하 직후에 미군이
　　　　촬영한 원폭돔의 모습

〈그림 18〉 원폭돔의
현재 모습

출처: 히로시마 평화기념자료관.

2009년 7월 30일 촬영.

평화도시 히로시마의 상징인 평화기념공원의 건립 과정과 재현 방식 및 내용에 대해서는 이미 학문적으로 많은 검토가 이루어져 있다. 제1장에서 소개한 권혁태와 리사 요네야마의 책의 내용 중 몇 가지만 소개하기로 한다.

우선, 이 평화기념공원의 성립은 기본적으로 '개발주의'적 사고에 기반을 두고 있었다. 지금의 관점에서 평화기념공원을 바라보면, 원폭의 폐허를 지우고 새로운 공원을 만든다는 발상은 너무나 당연한 재건방식으로 생각하기 쉽지만, 1946년 무렵으로 돌아가면 전혀 다른 의견도 존재했음을 알 수 있다. 즉, 원폭 폐허의 흔적을 그대로 남겨두자는 '폐허존치론'도 만만치 않게 제기되었던 것이다. 이 의견에 따르면, 폐허의 흔적은 그대로 두고 새로운 도심은 그 주변의 다른 지역에 새로 건립되어야 한다는 것이었다. 원폭의 비참함과 비극을 후대로 전하기 위해서는 이 방식이 훨씬 근본적이라는 주장이었다. 하지만 논쟁 끝에 '폐허존치론'은 패배하고 새로운 도심의 건설이라는 개발주의적인 방식이 승리를 거두었으며, 원폭돔으로 대표되는 폐허의 아주 적은 부분만을 보존하게 되었다.

이런 '개발주의'적 정서는 1980년대 히로시마 시가 착수했던 도시 재개발 캠페인에서도 부활하는데, 당시에 남아 있던 원폭폐허의 흔적을 모두 철거하자는 강력한 주장이 다시 거론된 것이다. 전쟁과 원자폭탄의 기억에 사로잡혀 신음하는 어두운 과거로부터 벗어나, '밝고 활기찬' 도시 이미지를 만들어내기 위해서 원폭 폐허는 철거되어야 한다는 것이었다. 이 과정에서 몇몇 원폭 폐허들은 철거되었고, 강력한 상징성을 갖는 대표적인 원폭 폐허들은 유지될 수 있었다.

이처럼, 히로시마를 평화도시로 만들자는 시도는 그 기저에 강력한 개발주의적 욕구에 의해 추동되었을지도 모른다. 즉, 평화도시 그 자체가 목적이라기보다는 '개발'을 위해 평화도시가 필요했다는 점이다. 1947년까지 일본의 중앙정부는 원폭에 의한 히로시마의 피해와 공습 등에 의한 전쟁 피해를 구분하고 있지 않았다. 이 상황에서 히로시마 시는 도시 건설을 위한 자금을 다른 도시들보다 우선해서 중앙정부로부터 지원받을 필요가 있었는데, 이를 위해 고안해 낸 논리가 원폭 피해의 '유일성'과 '절대성'이라는 논리였다. 그 과정에서 '평화도시법'이 논의되기 시작했고, 결국 일본정부에 의해 '평화도시법'이 받아들여지게 된다. 이것은 다른 여타의 전쟁 피해와 달리, 히로시마가 입은 원폭 피해의 '절대성' 및 '유일성'의 주장을 일본 중앙정부가 인정했음을 의미하는 것이다.[5] 이런 관점에서 보면, '평화도시법'은 평화와 관련있는 법이라기보다는

'도심개발법'이었던 것이다.

다음으로 지적하고 싶은 것은, 히로시마 평화공원의 건축학적 의미와 관련된 것이다. 히로시마 평화공원의 설계는 단게 겐조가 맡았고, 그의 설계대로 평화기념공원이 만들어졌다. 그런데 단게 겐조의 설계안은 1942년 '대동아 건설영조계획' 공모 입상작과 동일한 혹은 유사한 사상적 배경 및 건축양식을 띠고 있다는 점에서 비판을 받고 있다. 즉, 히로시마 평화기념공원은 '파시즘'적인 내용을 찬양하기 위한 형식적 특성을 갖고 있다는 것이다. 형식의 '파시즘성'이 과연 '평화'라는 내용을 담지할 수 있느냐는 질문은 히로시마 평화기념공원에 대한 매우 근원적인 비판 중 하나이다.[6)]

이 평화기념공원에서 일본인은 모두 '피해자'로 재현되어 있다. 특히, 평화기념공원의 기념조형물들은 대부분 피해를 입은 존재로서 '여성'이나 '어린이'의 형상을 하고 있다. 이 둘은 '아무 것도 모르는 순진하고 억울한' 존재로서 전쟁이 낳은 비극을 상징하고 있다. 남성이 아니라 여

5) 권혁태, 「기억 공간의 재구축: 히로시마 평화공원, 개발과 평화 이념 사이에서」, 오성훈·성은영 편, 『공간정책의 인문학적 기초 조성을 위한 연구(Ⅱ)』, 건축도시공간연구소, 2009b, 173~174쪽.
6) 권혁태, 「히로시마/나가사키의 기억과 '유일 피폭국의 언설」, 『일본비평』 1, 서울대 일본연구소/그린비, 2009a.

성과 어린이로서 피해지가 표상된 것은, 히로시마의 혹은 일본의 전쟁 책임을 가시화하지 않는 것과 밀접한 관련이 있다. 히로시마의 남성들은 〈그림 7〉의 히지야마 육군묘지에 잠들어 있는데, 이들은 결코 히로시마 평화기념공원에서 가시화되지 않는다.

〈그림 19〉 히로시마 평화공원 내에 있는 대표적인 기념물인
'원폭의 아이' 사사키 사다코의 동상

아래쪽에는 참배하는 학생들이 접어 온 종이학이 전시되어 있다.
2009년 7월 30일 촬영.

히로시마의 피폭자들이 자신의 비참한 체험을 증언할 때, 아시아의 과거 일본제국 피해자들은 냉담한 반응을 보여 주었다. 이들의 반응에 충격을 받은 히로시마의 피폭자들은 1987년 평화운동가들과 함께 히로시마 평화기념자료관에 일본 침략의 역사에 대한 기록도 전시하라는 청원을 하였는데, 이 청원은 각하되었다.[7] 부루마(Ian Buruma)가 히로시마 평화박물관을 방문했을 당시 평화박물관 관장이었던 가와모토 요시타카는 '침략자 코너'를 설치하라는 제안을 거부한 이유에 대해 다음과 같이 말했다고 한다.

"여기에 그런 것을 설치할 수는 없습니다. 침략자들은 도쿄에 앉아 있었으니까요. 우리의 유일한 목표는 1945년 8월 6일에 무엇이 일어났는지 보여 주는 것입니다."[8]

가와모토 요시타카의 이 발언은 원폭 피해의 유일성 및 절대성을 주장하는 히로시마 평화기념공원에 내재해 있는 '비틀림'을 가장 잘 보여 준다. 침략자들은 분명 히로

---

7) 이안 부루마, 정용환 역, 『아우슈비츠와 히로시마』, 한겨레신문사, 2002, 136쪽.
8) 이안 브루마, 정용환 역, 『아우슈비츠와 히로시마』, 137쪽에서 재인용.

시마에도 있었지만, 그늘은 그것을 보여 주고 싶지 않은 것이다. 〈그림 8〉의 '멈춰버린 시계'는, 원자폭탄이 투여되어 발생한 비극의 시간을 보여 주는 것이기도 하지만, 다른 한편, 의미가 발생하는 시간적 차원을 전혀 고려하지 않는 '고장난' 시계의 모습을 상징하는 것이기도 하다.

지금까지 거론한 히로시마 평화기념공원에 대한 여러 비판에도 불구하고, 히로시마가 구레와는 달리 평화도시가 되었다는 점은 그것 자체로 여전히 의미를 갖는다. 적어도 더 이상 히로시마 시에 적극적으로 군사시설을 설치하지 못하게 했기 때문이다. 구레는 그런 의미에서 더욱 불행했다. 구레 역시 공습으로 많은 피해를 입었다. 그래서 히로시마와 마찬가지로 도시의 재건 혹은 '부흥'을 모색했고, 역시 히로시마와 마찬가지로 도시 재건을 위해 새로운 법안 제정을 추진했다. 그러나, 그들의 모색은 히로시마와는 전혀 다른 운명을 맞았던 것이다.

구레에 해상자위대 구레지방총감부와 구레 지방대가 설치되었던 1954년, 히로시마 및 일본 전역을 격렬한 반핵평화운동으로 휩쓸고 갈 사건이 하나 발생한다. 이해 3월 1일 태평양의 비키니환초(Bikini環礁) 부근에서 조업 중이던 일본의 참치 어선 다이고후쿠류마루 호(第五福竜丸)의 선원 23명이 미국의 수소 폭탄 실험에 노출되는 이

른바 '비키니 사건'이 일어났다. 이 사건은 일본 내에 엄청난 반향을 불러 왔다.

1955년 8월 6일부터 3일 동안 히로시마에서 일본 외 14개국 대표가 포함된 '원수폭금지 세계대회'가 개최되었으며, 이후 '원수폭금지 일본협의회'와 '일본원수폭 피해자 단체 협의회'가 결성되어 활동하게 되었다.[9] 현재 〈원수폭금지운동〉은 혁신 계열의 분파적인 운동으로서의 이미지가 강하게 남아 있지만, 적어도 이 시기의 초기 운동은 초당파적 운동이었으며, 보수와 혁신을 불문하는 대중적 확산력을 가지고 있었다.[10] 1954년 5월 9일 시작된 '원수폭금지 서명운동'은 1955년 1월에 서명자 수가 2,200만을 돌파했고, 8월에는 8,800만을 돌파할 정도였다.

일본 전역의 폭발적인 〈원수폭금지운동〉이라는 움직임에 구레의 사회운동 세력들도 동참했다. 구레의 사회운동 관련 자료에서 원수폭금지운동 참여에 관한 것들은 상당수 찾아볼 수 있지만, 구레의 기지에 대한 반대운동

9) 이 운동을 여성주의적 관점에서 살펴본 것으로는 이은경(「〈일본 모친대회〉, 각성하는 '모성'과 평화」, 남기정 편, 『전후 일본의 생활평화주의』, 박문사, 2014)을 참조할 것. 이 운동을 연대의 방향과 분열의 흐름을 중심으로 관찰한 것으로는 박정진(2014)을 참조할 것.

10) 박정진, 「〈원수폭금지운동〉과 일조인민연대」, 남기정 편, 『전후 일본의 생활평화주의』, 박문사, 2014, 248쪽.

과 관련된 자료들은 상대적으로 찾아보기 어렵다. 이 시기 구레의 사회운동은 기지 문제보다는 원수폭 반대 문제에 관심이 더 많았다고 보아도 될 것이다. 구레가 처한 구체적인 군사화의 현실보다 보편적인 국민운동에 매달렸던 구레의 사회운동 속에서는 히로시마 시의 탈군사화와 구레의 군사화 사이에 존재하는 관계에 대한 인식 역시 출현할 수 없었다. 이런 분위기에서 구레의 군사기지화는 별다른 저항 없이 진전되었으며, 히로시마를 포위하는 군사기지의 존재에 대해 경고하는 목소리는 제대로 표출되기 어려웠다. 한국전쟁 발발을 계기로 '군전법'의 적용이 굴절되었고, 원수폭금지운동의 자장 속에서 반기지의 목소리가 제대로 표출되지 않았던 구레는 결국 '평화도시'가 아닌 '군항도시' 혹은 '군사도시'로 남게 된 것이다.

2. 평화도시 히로시마를 포위한 기지들

: 히로시마 만의 군사화

1) 히로시마의 '포위된 평화'

오늘날 '평화도시' 히로시마는 주변의 군사기지군에

완전히 포위되어 있다고 해도 과언이 아니다. 이 같은 주장은 1995년 무렵 유아사 이치로 대표를 중심으로 한 피스링크의 반기지 평화운동에 의해 여러 차례 고발된 바 있다.[11] 피스링크는 평화도시 히로시마의 앞바다에 미군의 핵탑재 군함이 자유롭게 드나들고, 히로시마 양 옆의 이와쿠니와 구레에 미군과 자위대의 첨단 무기로 무장한 기지군이 들어서 있는 현실을 고발하면서 '평화도시 히로시마'가 주장하는 평화의 실상에 의문을 제기해 왔다.

그러나 이 같은 평화운동의 비판은 여전히 힘을 얻지 못하고 있는 상태다. 피스링크의 활동가들이 발로 뛰며 작성한 제1장의 〈그림 1〉은 1990년대 중반 반기지 평화운동의 성과를 집대성한 것이라고 평가할 수 있다. 앞의 〈그림 1〉과 다음의 〈그림 20〉을 비교해 보자. 〈그림 20〉은 앞의 지도와 비교해서 훨씬 더 정밀하게 히로시마 만의 기지군을 보여 주고 있다. 이것은 2012년에 히로시마 현 평화위원회의 『구레기지 가이드북(呉基地ガイドブック)』에 제시된 자료다. ★표시는 미군기지, ☆표시는 자위대기지를 나타내고 있다. 또 이 지도는 항공자위대와 미군군용기의 다양한 항공훈련 공역, 해상훈련 해역, 그리고 히

---

11) 湯浅一郎, 『「平和都市ヒロシマ」を問う−ヒロシマと核・基地・戦争』.

로시마를 중심으로 위치하고 있는 마쯔다, 일본제강, 주고쿠화약, IHI 등 군수산업의 존재를 보여 주고 있다.

〈그림 20〉 히로시마를 포위한 군사기지와 군수산업

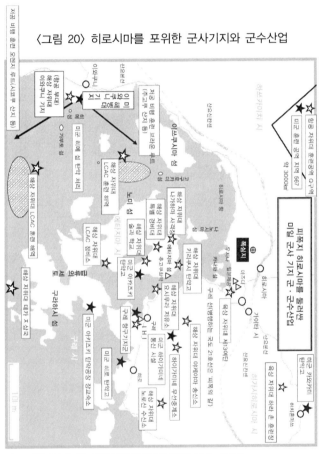

자료: 히로시마 현 평화위원회(広島県平和委員会, 2012)

앞의 〈그림 1〉과 〈그림 20〉을 비교해 보면, 다음과 같은 두 가지 사실을 확인할 수 있다. 첫째, 후자의 그림에서는 미군기지와 자위대기지뿐만 아니라 주요 훈련 지역 및 히로시마 만의 군수산업의 존재까지 표시하고 있다. 뒤에서 살펴보겠지만, 피스링크를 비롯한 이 지역의 평화운동은 자신의 시각을 히로시마 만의 군사화와 군사활동 전반에 관한 것으로 점점 더 확장해 왔다는 점을 알 수 있다. 이것은 일단 평화운동의 성장을 보여 주는 것이라고 할 수 있다.

　　둘째, 17년 뒤에 제시된 후자의 지도가 훨씬 더 정밀하게 히로시마 만의 기지군을 보여 주고 있는데, 이것은 시간이 지날수록 히로시마 만의 기지군과 군사 활동이 점점 더 강화되어 왔다는 것을 보여 주고 있다. 탈냉전에도 불구하고 구레를 비롯한 군사도시에서 일본 자위대의 군사력은 더욱 강화되고 있으며, 군항도시로부터의 해외 파병이 활발해지고 있다. 2000년대 중반에 실시된 미군 재편 과정에서도 구레와 이와쿠니의 군사력이 더욱 강화되었기 때문이다.

　　히로시마 만의 군사화는 히로시마 만 전역과 히로시마 시 주변에서도 나타나고 있지만, 특히 구레와 이와쿠니라는 '기지도시'의 군사화로 나타나고 있다.[12] 앞의 그림에서 확인힐 수 있는 것처럼, 히로시마의 상징인 원폭 돔을 중심으로 반경 30㎞의 원을 그리면, 그 안에는 거대한 기지군이 존재하고 있다. 히로시마의 남동쪽 20㎞ 지점에 위치한 구레에는 해상자위대의 여러 시설이 존재하고 있으며, 특히 잠수함과 소해대의 경우 일본 전체 자위대의 절반 이상이 배치되어 있다. 이 부대들은 걸프전쟁 과정에서 해상 봉쇄의 주력 부대이기도 했다. 구레 주변에는 제83아키즈키 병기대대에 속하는 3개의 미군 탄약고가 있다. 북쪽부터 히가시히로시마 시의 카와카미(川上) 탄약고, 구레 시의 히로 탄약고, 에타지마 정의 아키즈키 탄약고가 넓게 히로시마를 둘러싸고 있다. 탄약의 저장량은 12만 톤으로 알려지고 있는데 한국전쟁과 베트남전쟁 과정에서 막대한 탄약이 해로를 통해 전장으로 운반되었다. 또한 이 탄약고에는 핵무기가 저장되어 있다는 의혹이 지속적으로 제기되어 왔다.

히로시마의 원폭 돔에서 남서쪽 약 30㎞ 지점에 위치한 이와쿠니에는 미 해병대 제1항공단(1stMAW, Marine Air Wing)이 주둔해 왔으며(현재는 그 산하의 제12해병항공군(MAG-12, Marine Aircraft Group)이 주둔) 이와쿠니 기지

---

12) 湯浅一郎, 『「平和都市ヒロシマ」を問う—ヒロシマと核・基地・戦争』, 42~43쪽.

를 관할하고 있다. 그 이외에도 다수의 주한미군이나 주일미군 부대들이 순환배치되어 있으며, 한국전쟁이나 베트남전쟁 등 동아시아의 여러 전장으로 출격하는 출격기지 역할을 담당해 왔다. 또 이와쿠니 기지에는 일본의 해상자위대 가운데 제31항공군사령부가 위치하고 있으며, 그 산하에 제71항공대, 제81항공대, 제31항공대, 제31정비보급대, 이와쿠니 항공기지대 등이 배치되어 있다.

이처럼 '평화도시' 히로시마는 일본 본토에서 가장 군사력이 집중되어 있는 두 개의 기지도시, 구레와 이와쿠니에 의해 포위되어 있다. 히로시마 만의 바다에는 언제나 해상자위대의 함정과 잠수함이 운항과 훈련을 거듭하고 있으며, 미국의 핵탑재 함선들이 히로시마 앞바다를 거쳐 구레로 입항하고 있다. 또한 이와쿠니나 히로 탄약고 앞바다에도 탄약을 선적한 운송선이 정박해 있다. 하늘에는 미군과 자위대의 군용기가 매일같이 훈련을 거듭하고 있어서 비행기 추락이나 미사일 추락사고가 발생하고 있다. 육지에서도 제13사단의 트럭이 하라 훈련장을 왕복하고 있으며, 카와카미와 히로 탄약고 사이에서 트럭을 통해 탄약이 운송되고 있다. 요컨대, 피폭지 히로시마, '평화도시' 히로시마의 하늘과 바다, 육지 모두 촘촘한 기지와 군사훈련 네트워크에 의해 포위된 형국이라는 점을 확인할 수 있다.

이러한 흐름은 히로시마를 중심으로 한 일본 평화운동의 여러 활동이 목표를 달성하는 데 일단 실패했음을 의미한다. 여기에서는 평화운동이 직면하고 있는 어려움과 문제점을 살펴보기 전에, 우선 히로시마 만의 군사화가 진행된 역사적 과정을 살펴볼 필요가 있다.

2) 히로시마 만의 재군사화
: 냉전과 한국전쟁의 영향

연합국의 점령기 동안 히로시마 만에는 영연방 점령군이 주둔했다. 1945년 9월에 미국의 선견대(先遣隊) 6명이 히로 정의 구레 해군항공대에 도착했고, 10월에는 본대가 히로 만으로 상륙했다. 구레와 히로 지구에는 미군약 8천 명씩 배치되었다. 이후 영국과 오스트레일리아 등의 혼성군인 영연방 점령군이 1946년 2월에 상륙하여 군사적 치안을 담당했다. 이들은 주고쿠와 시코쿠 지방에 전개되었고, 가장 많은 때에는 약 3만 7천 명에 달했다.

연합국 점령군의 진주와 통치가 히로시마 만과 구레의 평화적 전환에 큰 걸림돌이 되었다고 보기는 힘들다. 오히려 점령통치하에서 1946년 4월부터 GHQ의 지시에 따라 침몰한 함정의 인양과 군함 해체 작업이 진척되었고, 구레의 철강·제철, 기계 제작 공업이 가동되기 시작했다. 또한 1950년 6월에 주민 투표를 통과한 '군전법'에 따라 구 일본군 시설에 민간 기업의 유치도 활발하게 이루어졌다.

그러나 냉전의 격화와 한국전쟁의 발발은 히로시마 만 전체에 걸쳐 군사화를 촉진시키는 요인이 되었다. 한국전쟁 발발 직후인 1950년 7월 8일, 맥아더는 요시다 수상에게 한반도로 이동한 주일미군 병력을 대신할 7만 5천 명의 국가경찰예비대의 창설 및 해상보안청 인원 8천 명의 증원을 명령했다. 이때 증원된 해상보안청은 1950년 10월 10일부터 12월 4일까지 소해정 20척, 시항선 1척, 순시선 4척을 한반도 해역으로 출동시켜 소해 활동을 전개함으로써 한국전쟁에 '참전'했다.[13] 평화헌법하에서 최초의 '참전'이었고, 이때 전후 최초의 참전 사망자도 발생했다.

미국은 1952년 8월 7일에 채택된 「미 국가안전보장회의 문서 NSC125/2」를 통해, 일본이 오키나와, 필리핀 등으로 이어지는 도서방위선의 일부이며 미국의 안전 보장에 빠뜨릴 수 없을 정도로 중요하다고 전제하며 "미국은 일본이 재래식 무기로 재무장하는 것을 장려하고 지원해야

---

13) 다나카 아키히코, 이원덕 역, 「戰後 일본의 안보정책」, 중심, 2002, 72~80쪽.

한다"라고 강조했다.[14] 미국은 일본의 재무장을 위해 일본이 외부 침략에 대한 방위를 담당한 "군대를 발전시키도록 지원"하고 이를 위해서 1951년에 성립한 '상호안전보장법'에 기초한 방위원조(MSA)를 제공키로 했다. 또한 미국은 대일강화조약이 발효되기 직전인 1952년 3월에 일본의 병기 제조에 대한 금지를 해체하고 배상 목록으로 지정되어 있던 민간군사공장의 지정 해제를 결정했으며, 4월 26일에는 항공기 제조시설 등 850개 공장의 반환을 발표했다. 한국전쟁과 대일강화조약을 전후로 하여 벌어진 이 같은 움직임은 히로시마 만과 구레의 재군사화에 결정적인 동력으로 작용했다.

3) 기지도시 이와쿠니와 구레의 재군사화

냉전의 격화와 한국전쟁을 거치면서, 히로시마 만에서 진행된 재군사화의 과정을 이와쿠니와 구레를 중심으로 살펴보자.

먼저, 구레와 마찬가지로 이와쿠니도 구 일본군에 의해 군사기지가 건설되면서 도시가 발전한 경우에 해당한다. 현재 미 해병대가 사용하고 있는 이와쿠니 비행장은

---

14) 정영신, 「동아시아의 안보분업구조와 반기지운동에 관한 연구」, 서울대학교 사회학과 박사학위논문, 2012, 112쪽.

1938년 4월에 구일본 해군이 건설에 착수하여 오늘에 이르고 있다. 1939년 12월에 구레 진수부 소속의 연습대가 배치되면서 이와쿠니비행장이 본격적으로 가동되기 시작했다. 1940년에는 이와쿠니 해군항공대가 발족했고, 다음 해에는 연습교육대가 배치되었다.

아시아·태평양전쟁이 끝난 직후인 1945년 9월, 이와쿠니 기지는 미 해병대에 의해 접수되었다. 그러나 연합국의 점령기간 동안 이와쿠니 기지는 영연방군에 의해 관리되었다. 1946년 2월에 주고쿠와 시코쿠를 관할할 영연방군(영국공군, 호주공군, 영국군인도부대, 뉴질랜드군 등의 혼성군) 및 미공군이 주둔했던 것이다. 일본의 다른 군사기지와 유사하게, 이와쿠니 기지도 한국전쟁의 발발과 더불어 기지 기능이 강화되었다. 한국전쟁이 발발한 직후인 1950년 9월에는 유엔군으로서 영국해군부대, 미공군 및 미해군부대의 일부가 배치되어 한국으로 파병되었다. 이와쿠니 기지에서 영국군과 호주군의 단발전투기나 제트전투기 및 미공군의 중형 폭격기가 전선의 지원을 위해 매일같이 출격을 반복하여, 이와쿠니 기지는 한국전쟁의 출격기지, 전선기지의 역할을 담당했다.

1952년 4월에 미일안보조약이 발효되면서 이와쿠니 기지는 주일미군의 관리하에 놓이게 되었으며, 영국과 호주의 공군이 절수하면서 미공군의 기지가 되었다. 1954년에 미해군이 접수했다가 1956년에 미해병대 제1항공단, 미해군 제6함대 항공대대가 이주하였고, 1958년부터는 미해병대의 기지가 되었다. 또한 1957년부터는 해상자위대 교육항공군이 진주하면서 미일 공동 사용 기지가 되었고, 이후 항공자위대와 해상자위대를 중심으로 각종 전투부대가 이주하기 시작했다.

이와쿠니 시에서 발간하고 있는『기지와 이와쿠니』에 나와 있는 각종 부대의 배치 현황을 살펴보면, 미 해병대와 해상자위대의 각종 부대가 한국전쟁과 베트남전쟁기에 주로 배치되었다는 것뿐만 아니라, 냉전 종식을 전후하여 오히려 군사력이 크게 확장되었다는 점을 확인할 수 있다.[15] 이것은 히로시마 만의 왼쪽 관문에 해당하는 이와쿠니의 기지화·군사화가 구 일본군의 전쟁에 의해 시작되었고 미국이 수행한 여러 동아시아전쟁들을 거치면서 확장하여 오늘에 이르고 있다는 것을 보여 준다. 한편, 1938년에 일본군이 접수할 당시에 약 1.2㎢에 달했던 이와쿠니 기지는 종전 시기에는 약 4.5㎢로 팽창했고, 1952~1956

---

15) 이와쿠니 기지의 해상자위대 배치 상황에 대해서는 해상자위대 이와쿠니 항공기지 홈페이지(http://www.mod.go.jp/msdf/iwakuni/)의 자료를 참조.

년에 미군에 의해 5.7㎢로 확장되어 오늘(2004년 3월 말)에 이르고 있다.16)

구레의 군사화 과정 가운데 전전의 역사에 대해서는 앞에서 살펴보았기 때문에, 여기서는 전후의 역사에 대해서만 간략하게 살펴보고자 한다. 구레의 재군사화는 전전에 구 일본군에 의한 군사화가 진행된 토대 위에서 전후에 미일동맹의 강화와 일본의 재군비 경향 속에서 결정되었다. 현재 구레에 배치되어 있는 해상자위대의 전신에 해당하는 부대들은 구 일본군 해군 출신자들로 편성되었고, 함선 역시 구해군의 잔존 함선이었다. 아시아·태평양전쟁 중에 미군에 의해 투하된 기뢰의 처리를 담당할 소해함정과, 침략전쟁을 수행하기 위해 해외로 나가있던 일본 군인과 군속 등을 인양할 복원(復員)함정이 그 중심이 되었다.

1945년 12월 1일, 구 일본군의 해군성은 '제2복원성', 구레 해군진수부는 '구레지방복원국'으로 재편되었고, 소해함정은 구레 지방복원국의 소해부에 소속되었다. 1948년 1월 1일에 소해함정은 운수성 해운총국의 소해함정부로 이관되었다가, 1950년 6월 4일에 '해상보안청'이 설치

16) 岩国市, 『基地と岩国』, 岩国市, 2004, 6~10쪽.

되면서 소해함정은 제6관구 해상보안본부 소속으로 개편되었다. 한국전쟁의 발발과 더불어 한반도의 원산 부근에서 소해 활동을 전개한 부대가 바로 이들이었다.

1952년 4월 26일, 대일강화조약의 발효와 함께 해상보안청은 '해상경비대'로 개칭되었고, 8월 1일에 '보안청'이 설치되면서 해상경비대는 '경비대'로 개칭되었다. 11월 1일, 10개의 소해대가 결성되었고 '구레항로경계대'를 구성했다. 그리고 1954년 7월 11일, '방위청'이 설치되면서 보안청 경비대는 '해상자위대'로 개편되었고, '해상자위대 구레지방총감부'가 발족하여 현재에 이르고 있다.[17] 군사도시·기지도시로 성장해 온 이와쿠니와 구레의 역사를 돌이켜보면, 냉전의 격화와 한국전쟁의 영향이 막중했음을 확인할 수 있다.

이와쿠니와 구레는 1990년대 이후 일본의 해외 파병과 미군재편 과정에서도 중추의 역할을 담당해 오고 있다. 특히 구레에서는 1980년대 중반부터 해상자위대의 설비가 확충되었고, 1998년에 함선의 대형화가 진행되었다. 일본해상자위대의 소해부대의 주력이 구레에 주둔하고 있고, 잠수함도 60% 이상이 구레에 배치되어 있으며, 대

---

17) 呉戦災展実行委員会編, 『呉の戦災 —あれから半世紀 くりかえすな—』, 呉戦災を記録する会, 1995, 43쪽.

형 수송함이나 음향 측정함도 배치되어 있다.[18]

구레에 배치된 해상자위대와 구레기지의 특징은 무엇보다 이들이 일본의 해외파병의 출격기지가 되고 있다는 점이다. 1991년 4월 26일, 자위대로서는 처음으로 소해모함 '하야세', 보급함 '토키와' 등 소해정 4척이 구레 기지를 출발하여 페르시아 만으로 향한 것은, '잊혀진' 한국전쟁 '참전'을 제외한다면, 일본의 독립 이후 최초의 해외 파병이었다.

이후 캄보디아 PKO(Peace Keeping Operation) 파견 등 구레 기지는 일본 해외 파병의 거점이 되어 왔으며, 미국에서 발생한 9·11 동시다발 테러의 영향으로 2001년 11월에 테러대책 특별조치법이 성립하면서 구레의 해상자위대가 아라비아 해에 파견되기도 했다.

구레기지의 두 번째 특징은 소해부대의 기지라는 점인데, 기뢰 등을 제거하는 소해부대의 역할은 직접 전투에는 참가하지 않는다는 명분을 제공하면서 미군의 전투활동을 지원하기에 매우 용이한 것이라고 할 수 있다.

구레 기지에는 '하야세' 등 10척의 소해부대가 배치되어 있고, 이들은 일본의 여러 해외 파병에 참여하여 '실전'

---

18) 久保正和, 「呉の近現代史100年」, 呉市民平和講座 제4회, 2007.2, 45~47쪽.

경험을 축적한 부대이다. 그 이외에도 구레 기지에는 일본의 제1잠수대군의 '후시미' 이하의 지원함 2척과 잠수함 9척이 배치되어 있다. 이처럼 구레 기지는 요코스카 기지 및 사세보 기지와 더불어 일본 및 미일동맹의 중추 군항으로 기능해 왔다.

3. 야마토 담론에 의한 포위의 시작

: 출몰하는 '전함 야마토'의 유령들

그렇다면 위와 같은 재군사화의 과정 속에서 일본의 국민, 지역 주민들은 히로시마의 전쟁 경험과 재군사화에 어떻게 반응해 왔을까? 이것을 역사적으로 살펴보는 것은 매우 어렵고 복잡한 작업이기 때문에, 여기에서는 일단 일본의 대중문화에 나타난 전쟁 경험에 대해서만 다루기로 한다.

히로시마와 구레의 전쟁 경험은 일본의 대중문화 콘텐츠에도 상이한 계열의 이야기거리를 공급하는 근원지였다. 히로시마의 경우, 원자폭탄 및 '비키니 사건' 등 핵이 야기하는 공포 및 두려움을 환기하는 내용과 관련을 맺는다. 만화 『맨발의 켄』은 직접적으로 원폭의 비극을 이야기하는 것으로 유명하다.

　1954년 제작된 특촬(特撮, 특수효과)물『고질라(ゴジ
ラ)』의 개봉은 일종의 '사건'이었다. 영화『고질라』는 직접
적으로 원자폭탄에 대해 언급한다. 원폭의 파괴적인 결과
를 돌연변이에 의해 탄생한 괴물을 낳은 직접적인 원인으
로 제시함으로써, 당시 미국의 캐슬 브라보(Castle Bravo)
수소폭탄 실험과 곧바로 이어진 일본 어선 다이고후쿠류
마루 호(第五福龍丸)의 방사능 오염에 의해 촉발되었던
일본 내의 자생적인 반핵운동의 등장과 맥을 같이 하게 된
것이다.19)『고질라』의 뒤를 이어『울트라 큐(ウルトラQ)』,
『울트라맨(ウルトラマン)』그리고『울트라 세븐(ウルト
ラセブン)』등의 TV 시리즈가 1960년대에 걸쳐 방사능에
의한 돌연변이의 문제를 다시 다루었다.

　그런데 1970년대가 되면, 일본 대중문화의 영역에서
핵이 야기하는 공포를 극복할 수 있게 하는 새로운 영웅
을 상상하게 하는 원천이 출현하게 된다. 1974년 방영된
텔레비전 애니메이션 시리즈인『우주전함 야마토(宇宙戰
艦ヤマト)』는 이 서사의 대표적인 사례이다. 이 애니메이

---

19) Noi Sawaragi, "On the Battlefield of 'Superflat': Subculture and Art
　in Postwar Japan," Murakami·Takashi, ed, *Little Boy: The Arts of
　Japan's Exploding Subculture,* Yale Uiversity Press, 2005, pp.196~197.

션 시리즈는 당시 만화, 애니메이션 그리고 특촬물에 깊이 심취하고 있었던 전후 네오 팝(Neo Pop) 세대들 사이에서 큰 인기를 얻었다. 몇 년 후에 『우주전함 야마토』는 극장판 애니메이션으로 개봉되었고 일본의 네오 팝 세대를 다시 매료시켰다.[20] 애니메이션 영화 『우주전함 야마토』는 지구인이 방사능을 발사하는 외계인들에 의해 지속적인 공격을 받고 있는 먼 미래를 배경으로 하고 있다.

애니메이션의 전반부는 지구인의 계속된 패배와 행성이 잔혹하게 폭격당하는 가운데 증폭되는 멸종에 대한 두려움에 초점을 맞춘다. 이 영화의 전환점은 전함 야마토가 다시 태어나고 우주전함 야마토로 개조되는 순간이다. 이 중요한 장면에서, 군국주의풍의 어조로 흘러나오는 내레이션은 되돌아올 충분한 연료 없이 전장으로 향했던 불굴의 용맹스러움을 찬양하며, 태평양전쟁 마지막 몇 달 동안의 전함 야마토의 마지막 항해로 그 시간을 되돌려 놓는다. 영화의 나머지 부분은 우주전함 야마토가 방사선으로 오염된 지구를 정화시킬 도구를 찾아 화성으로의 여정을 보여 준다. 영화 끝에는 우주전함 야마토가 외계인의 전함을 파괴하기 위해 스스로를 희생하는 모습을

---

20) 이 작품은 『Star Blazers』라는 이름으로 미국에서도 방영되었다.

보여줌으로써 야마토의 영웅적인 최후를 다시금 극적으로 표현하고 있다.

〈그림 21〉 1974년에 개봉된
애니매이션 우주전함 야마토

〈그림 22〉 땅 속에 파묻혀 있던 전함 야마토를 발견하는 주인공

출처: 2012년에 리메이크된 〈우주전함 야마토 2199〉 중에서

『우주전함 야마토』의 감독이자 제작자인 마츠모토 레이지(松本零士)는 일본 전후 네오 팝 세대의 일원으로, 그의 예술적 상상력의 중요한 부분을 전후의 서브컬처에서 빌려왔다. 마츠모토의 유력한 동료이자 저명한 일러스트레이터인 코마츠자키 시게루(小松崎茂)는 태평양전쟁을 암시하는 무기류가 등장하는 전투 장면을 그린 바 있었다. 코마츠자키의 잘 알려진 작품은 '전함 야마토의 침몰'이다. 전후 일본의 주류 예술에서 태평양전쟁이란 주제는 조용히 사라져 갔지만, 서브컬처의 작가들은 일본의 전시 경험으로부터 영감을 얻어 그 주제를 기꺼이 채택하였다. 『우주전함 야마토』는 일본 서브컬처 내에서 이어지던, 태평양전쟁이라는 주제의 재구성 계보를 그대로 이어받으면서, 이번에는 사라져간 전함의 이름을 되살림으로써 보다 직접적으로 역사에 개입했던 것이다. 그리고 그 반향은 매우 강렬했다.

핵의 위협으로부터 '지구'를 구하는 우주전함 야마토의 원형인 '전함 야마토(大和)'의 고향이 바로 구레이다. 전함 야마토는 중일전쟁이 개시된 1937년에 기공되어 1940년 8월 8일에 진수식을 가졌고, 1941년 12월 16일에 완성된, 당대 일본 해군 최대의 전함이었다. 야마토 전함은 7만 2,800톤의 거함으로, 구레 진수부에 적을 두고 일본 해군 연합함대의 기함으로 활동하였는데, 전쟁 말기인 1945년 4월 7일, 미군과의 전투가 한창이던 오키나와로 향하다가 도쿠시마 서해에서 미군 비행기들의 폭격을 받아 침몰하였다.[21] 3,332명의 승무원이 이에 결사적으로 저항하였으나 결국 3,000여 명이 몰살하고, 수백 명만 살아남는 사태가 발생하였다.

사실 전쟁 중 전함 야마토에 관한 정보들은 일종의 군사비밀이어서 일본인들이 잘 몰랐다고 한다. 미군정 내부에서도 마찬가지였다. 이런 점에서 '전함 야마토 담론'은 전후 창출된 것이라고 할 수 있다. 1955년 『주간 만화』를 통해 「영전(零戰) 야마토」를 일본 국민들이 읽기 시작했다. 1970년대 일본의 경제 발전과 더불어 전전의 일본에 대한 향수가 강해지기 시작한 것으로 보인다.[22] 일본

21) 1945년 4월 6일 일본의 육해군 항공부대는 오키나와의 절망적 전세를 일거에 만회하기 위하여 '菊水1호작전'이라는 이름으로 400기의 비행기를 집결시켜 오키나와 주변의 미군 함정들에 대하여 특공 공격을 했고, 야마토 전함도 이에 호응하여 4월 7일 '天1號작전'이라는 이름으로 해상 특공을 위해 출격하였으나 미군 제58 기동부대에 포착되어 전투기와 폭격기 386기의 8차에 걸친 공격을 받았다.

22) 한정선(「전후 일본의 기념비적 기억—만화영화 〈우주전함 야마토〉와 1970년대 전후세대」, 『사회와 역사』 83, 2009)의 만화영화 〈우주전함 야마토〉에 관한 연구에 따르면, 이 만화영화는 과거의 야마토 전함에 대한 '기념비적 역사'쓰기의 전형적인 사

이 가장 성능이 좋은 비행기를 만들어 냈다거나[23] 세계 최대 규모의 배를 제작했고, 또 이것이 피격 침몰했다는 '비극적 텍스트'가 만들어졌다. 점차 일본의 전쟁담론은, 비행기는 '제로센', 배는 '전함 야마토'로 집약되었다.

이런 대중적 담론은 기술 중심주의에 기초하고 있으며, 비인간성—패전 책임은 상부로 전가하고, 대중적으로는 비극적 스토리만을 취한다는 특징을 갖는다. 그러나, 마쓰모토의 『우주전함 야마토』에서는 이 비극성에 다시 '영웅성'을 부여하고 있다. 결국 영웅적인 행위를 통해 일본의 패전을 갖고 온 원자폭탄의 공포를 극복할 수 있게 된 것이다.

평화도시 히로시마의 기반이 된 원폭에 대한 공포를 극복할 수 있게 해 주는 영웅적 '전함'의 이야기는, 평화도시 히로시마를 둘러싼 군사기지들의 역할에 대해 새로운

례로, 1970년대의 일본에서 과거의 영광을 재현하려는 욕망이 형성되고 있음을 잘 보여 준다.

[23] 태평양전쟁 시기에 일본이 선보인 '제로센' 전투기는 착륙기어를 접어 넣어 공기의 저항을 줄이고 보조 연료탱크를 다는 등 당시로서는 혁신적 기술을 선보였다. 하지만 엔진 출력이 상대적으로 낮다는 단점이 있었다. 이에 조종석의 장갑을 얇게 만들어 기동성을 높이는 전략을 선택한다. 그러나 이런 전략은 일본의 뛰어난 조종사들을 보호하지 못하고 쉽게 희생당하게 하는 결과를 낳았다.

담론을 제공할 잠재적인 자원이 되었다. 그것은 '평화를 지키는 군대 혹은 기지'라는 담론이었다. '군대에 의해 유지되는 평화'라는 담론은 정치적 우파들에 의해 강력하게 지지되는 평화에 대한 매우 유력한 담론 중 하나이다. 이 담론은 히로시마라는 거대한 평화도시 자체에서는 성립되기 어려운 담론이지만, 평화도시 주변의 군사도시 구레에서는 매우 매혹적인 것이었다.

그러나 1970년대의 야마토 담론은 아직 구레라는 지역과 완전하게 밀착했다고 보기 어렵다.[24] 구레라는 장소성과 군사적 강함을 상징하는 야마토 전함 담론이 결합되면서 가시적 구체성을 갖춘 것은 1990년대 중반부터 진행된 구레의 적극적 문화정치를 통해서였다. 일본인들은 전함 야마토를 전전 일본 해군의 상징으로 생각하는 경향이 있었는데, 구레 시는 이런 일본인들의 상상력을 전함 야

---

24) 구레의 '역사가 보이는 언덕'에는 '전함 야마토 기념비'가 서 있다. 이 기념비에는 〈噫戰艦大和之塔〉이라고 새겨져 있고, '吳大和會'가 '야마토 진수 30주년' 기념일인 1969년 8월 8일에 세웠으며, 구레 시장 奧原義人의 서명이 새겨져 있다. 이 기념비의 바로 옆에는 1980년대에 과거의 공장 현판들을 모아 만든 탑이 서 있다. 우리는 이 비들을 통해, 구레에서 야마토 전함에 대한 기억이 1960년대 후반부터 재현되어 공적 영역으로 진입하기 시작했고, 이런 움직임이 1980년대에도 계속되었음을 알 수 있게 된다. 그것들이 전면화되어 나타난 것은 1990년대 중반부터이다.

마토를 생산한 '고향'으로 환원시켰다. 이 환원을 통해 구레는 '히로시마는 되었으나 구레는 되지 못한 평화도시'라는 콤플렉스를 전환시켜, '히로시마는 갖고 있지 못하지만 구레는 갖고 있는 강함'이라는 다른 형태의 자부심을 강조할 자원을 가질 수 있었다. 이런 과정이 완수됨으로써 평화도시 히로시마는 기지에 의해서 포위되었을 뿐만 아니라 담론적으로도 평화담론과는 다른 형태의 담론에 의해 포위되기 시작하였다. 그 과정이 본 궤도에 올랐음을 상징하는 것이 구레의 소위 '야마토 뮤지엄'의 개관이다.

제4장

전쟁 기억의 재현을 둘러싼 정치

- '비극성'과 함께 '책임감'을 강조하는 윤리적 담론은 군사적으로나 정치적으로 야마토의 사상을 칭송할 수 없는 구조에서 만들어질 수 밖에 없는 소극적 정체성의 표현이지만, 동시에 경제 대국을 건설한 일본인들의 기술 중심주의적 심성을 대변하는 적극적 정체성의 표현이라는 양면성을 동시에 갖고 있는 것으로 보인다.

전쟁 기억의 재현을
둘러싼 정치

1. 각축하는 구상들

: 해군공창(工廠)의 재현에서 야마토의 재현으로

2005년 봄 구레에 그로테스크한 박물관이 문을 열었다. 구
레 시 해사(海事)역사과학관이다. 통칭 '야마토 뮤지엄'이라
고 칭하는데,1) 전함 야마토의 1/10모형과 구레해군공창의

---

1) 일본 박물관법에 따르면, 국립 박물관은 문부과학성 소속이지
만, 도도부현 박물관과 시정촌 박물관은 각 교육위원회가 관할
하며, 시정촌은 '박물관' 명칭을 사용할 수 없도록 규정되어있다.
따라서 '야마토 뮤지엄'은 구레 시 산업부 관할이어서 '해사역사
과학관'이라는 명칭을 사용하고, 별칭으로만 '뮤지엄'이라는 이
름을 사용하고 있다.

역사자료의 전시가 주를 이루고 있으며, 전쟁을 떠받친 군사기술을 전시하고 있다. 여기는 1889년 구레 신수부(鎭水府)가 설치된 이래 해군의 도시, 침략전쟁의 거점으로서의 역사를 새겨야한다는 반성은 조금도 찾아볼 수 없다. 이 박물관은 첫해에 100만을 넘는 시민들이 방문하였다. 공교롭게도 정부는 헌법을 변경하고 자위군을 갖는 길로 나아가고 있다.

이런 상황을 어떻게 생각해야 하는가. 우선 야마토 뮤지엄이 만들어지는 경과에 관한 사실을 알고 그 의미를 물으며, 문제점을 알아보자 ... 시민이 원하는 평화의 역사를 새기기 위하여 구레 시민으로서의 의견을 교환하는 장이 된다면 다행이다.

〈그림 23〉 야마토 뮤지엄과 그 앞에 전시된 넵튠의 조각상

2009년 2월 2일 촬영.

위의 글은 '피스링크 히로시마·구레·이와쿠니'라는 주민 평화 모임이 2006년 12월, 제3회 구레 시민평화 강좌를 열면서 제시한 안내문이다. 이 글에 나타난 '두 개의 이름을 가진 기념관' 또는 '공식적 이름과 비공식적 이름 사이의 긴장'이라는 문제의식이 시사하듯이, 오늘날 일본의 지역사회에서 진행되고 있는 전쟁 기억과 재현의 복잡한 상황을 함께 고민해 보자는 것이다. '전쟁을 떠받친 군사기술'의 전시에도 불구하고 '침략전쟁의 거점으로서의 역사'가 부재하다는 것이 이들의 문제의식의 핵심이다. 그러나 현재의 이러한 긴장과 복잡한 상황은 박물관이 처음 구상될 당시에는 전혀 예측하지 못한 것이었다. 왜냐하면, 이 박물관은 '우리도 박물관 하나쯤은 있어야 하지 않을까' 하는 매우 소박한 생각에서 출현했기 때문이다.

구레에서 지역박물관을 설립하려는 최초의 구상은 1980년대 전반기에 이루어졌다. 이 시기부터 막연히 '배'와 관련된 내용을 중심으로 하는 해사(海事)박물관을 하나 설립해야 한다는 생각이 구레의 지역사회와 지역 정치인들 사이에서 자리잡기 시작하였다. 박물관 설립을 위한 여러 아이디어들이 제기되었고, 박물관 설립의 기초가 되는 구레 지역사와 이에 관한 역사적 자료가 시사 편찬실에 의해서 정리되었으며, 이 과정에서 상공회의소 성원들

도 많이 참여하였다.[2] 지역박물관 설립 계획이 본격화된

2) 왜 하필 이 시기에 지역박물관 설립의 구상이 나왔는지에 대해
서는 현재 알기가 매우 힘들다. 우리들은 가설적으로 구레 조선
산업의 흥망성쇠와 관련된 경제적 상황이 그 저변에 있지 않을
까 조심스럽게 생각하고 있다. 경제적 측면에서 구레의 전후사
를 요약하면 다음과 같이 정리할 수 있다. 구레 시는 '군전법' 제
정과 한국 전쟁에 따른 영연방 한국파견군(국제연합군)의 주둔
으로 일시적인 호황을 겪었다. 그러나 1953년 한국전쟁의 종료,
1956년 영연방군 철수 등에 따라 대규모 실업자가 생겨나면서,
구레 시는 '제2의 종전처리'라고도 말할 수 있는 비상사태로 몰
렸다. 적자재정도 격심했다. 1960년대부터 비로소 구레는 일본
의 고도성장의 흐름 속에서 제강업과 조선업의 발전에 기초하여
전후 부흥의 대열에 동참할 수 있었다. 1963년부터 5년간에 걸쳐
재정재건법(財政再建法)의 준용을 받아 누적된 적자재정을 해
소하게 되었다. 1960년에 21만 명이었던 인구는 1974년에 24만
명으로 증가하였다. 1973년에 발생한 석유 위기와 그 후의 엔고
는, 수출에 의존한 중화학공업에 큰 타격을 주고 조선업 의존도
가 높은 구레 시의 경제는 다년간 침체에 빠졌다. 이후 일시적으
로 회복하였으나, 한국 조선업과의 경쟁 상황에 놓이면서 다시
조금씩 어려워지기 시작하였다. 이러한 상황을 타개하기 위해
1985년에 「구레 시 장기 기본4구상 吳市長期基本4構想」을 작성
하고, 전후 구레 시의 기본정책인 '평화산업 항만도시'를 실현하
기 위해 히로시마 중앙테크노폴리스와 구레 마리노폴리스를 2
대 전략으로 추진하였다. 이런 경제사적인 맥락을 염두에 두었
을 때, 구레의 자존심인 조선산업의 불황 때문에 '다른 형태의
자존심'이 필요해진 시점이 1980년경이라고 볼 수 있다. 이후 구
레의 불황이 가속화되자 이러한 욕망이 더욱 강해졌는데, 바로
이것이 야마토 뮤지엄의 건설로 나타난 것은 아닐까 생각된다.
물론 이 가설은 앞으로 정밀하게 검증되어야 하겠지만, 지역 정
치를 분석하기 위해서는 반드시 지역경제의 문제를 핵심 변수로

것은 1991년 부터였다. 구레 시에서는 1991년부터 1994년까지 일본 전국의 '해사박물관'을 조사하면서 조선관계자료를 수집하였다. 1994년에는 박물관자료수집위원회를 설치하고 "흩어져 없어질 위기에 있는 자료"를 수집하였다. 1995년에는 1991년에 책정된 기본 구상을 보다 구체화하는 '해사박물관 설치구상'을 마련하였다. 건설 장소나 규모에 관해서는 "시민이나 전국의 구 해군관계자들 중에 건설의 필요성을 제기하는 목소리가 크고, 자위대 OB조직은 자료집을 위해 분주하게 움직이며, 일본 최대일 뿐 아니라 세계에 과시할 만한 규모"를 요구하였다. 구레 시는 귀중한 자료를 후세에 남길 필요가 있다든가, 어린이들에게 구레의 역사를 심어 준다는 명분을 내세웠고, 또 후쿠이 박물관에 군사관계자료가 많으므로 이를 사들여야 한다는 의견도 제시되었으며, "흩어질 위험이 있는 과거의 조선기술에 관한 자료"를 시급히 수집할 필요가 있다고 말했다.

그런데, 1994년 박물관자료수집위원회 설치부터 1995년 6월의 '해사박물관 설립구상' 사이의 기간에는 여전히 히로시마 현에 현립으로 박물관을 만들어 줄 것을 요청하

두어야 한다는 점은 강조될 필요가 있다.

는 내용이 포함되어 있었다. 이에 대해 히로시마 현은 해사박물관으로 건립할 경우 다른 지역 박물관들과의 차별성이 없으며, 전시 내용도 모호하고, 자금도 부족하다는 이유로 부정적인 의견을 피력하였다. 구레 만의 '콘텐츠' 부재라는 비판에 대해 구레 시는 점차 자신만의 콘텐츠를 고민해 갔으며, 히로시마 현과는 분리해서 구레 시 주도로 박물관을 건립하는 것으로 생각을 전환해 갔다. 박물관 설립을 위한 예산 문제가 제기되었을 때, 사회당은 이 계획에 찬성하였으나, 공산당은 시 재정 부족을 들어 반대하였다. 이 단계까지만 해도 반대의 이유는 경제적이고 재정적인 것이었지 정치적인 것은 아니었다.

그럼 언제부터 지역박물관 건립 움직임이 '전함 야마토'를 중심으로 하는 박물관 건립 구상으로 구체화되었을까? 1995년 9월의 시 의회에서 반대파 의원들은 "예정된 해양박물관에 침략전쟁을 반대하는 사상을 끌어들일 수 있는가? 평화를 새기는 기념관이나 자료관이 될 수 있는가?"를 질의하였다. 또, 1995년 12월 전후 50주년 사업이 진행되는 가운데 구레 시 박물관 구상안이 제출되었다. 이 구상안이 제출될 당시만 해도 '역사의 반성과 평화의 창조로써 평화산업 항만도시의 상징사업'으로 만들 필요가 있다는 흐름이 형성되었다. 1996년 구레 시는 해사박물관 추진실을 설치하고 배에 관한 자료들을 모은 '수장 전시실'을 열었다.

그런데, 1996년 6월부터 전함 야마토의 자료를 체계적으로 모을 필요가 있다는 제안이 본격화되었다. 이 흐름은 '역사의 반성과 평화 창조의 상징'이라는 박물관 건립 방향을 수정하는 것이었다. 결국 전함 야마토를 중심으로 한다는 발상은 처음부터 나온 것이 아니고, 자료를 수집하고 전시하면서, '구레의 역사에서 최대 규모인 것, 구레가 과시할만한 것'을 찾는 과정에서 부상한 것이다. 드디어 구레는 자신들만의 콘텐츠를 발견한 것이다.

야마토 뮤지엄의 구체적인 설립 경위에 관해서는 이 박물관 설립의 주도자라고 할 수 있는 오가사와라 전 구레 시장의 책과 증언을 참조할 수 있다.[3] 그는 1993년 구레 시장에 당선되어 3회 연임하며 2005년까지 재임하였는데, 이 기간 동안 박물관의 설립을 주도하였고, 시장에서 퇴임한 후 박물관 설립 과정에 관한 책을 집필하여 출간

---

3) 야마토 뮤지엄 건립 과정과 이를 둘러싼 기억의 정치를 파악하기 위하여 이 뮤지엄 건립을 주도한 오가사와라 전 시장과 이를 비판적으로 파악하고 있는 지역 평화운동가들이 발간한 자료들을 검토하고, 시의회 회의록 분석과 함께 시의회 의원들을 비롯한 여러 인물들과의 인터뷰를 실시하였다. 이 연구를 위한 현지 조사는 2009년 2월과 8월에 이루어졌다.

하였다. 그가 쓴『전함 '야마토'의 박물관: 야마토 뮤지엄 탄생의 전기록(戰艦'大和'の博物館−大和ミュ−ジアム誕生の全記錄)』은 일본에서 박물관이 만들어지는 과정을 자세히 보여줄 뿐 아니라 이 박물관의 사상을 볼 수 있는 책이다. 이 책은 총 12장으로 구성되어 있는데, 체계적으로 정리되어 있어서 이해하기 쉽고, 분석할만한 좋은 연구자료가 된다.[4]

4) 오가사와라 시장의 책은 제1장으로 구레를 '야마토(大和)'의 고향으로 규정하고, 구레 시의 역사와 해군과의 관계, 전함 야마토의 건조와 '운명', 그리고 전후 '조선산업'으로 이어지는 과정을 살피고 있다. 2장은 구레에 독특한 박물관을 어떻게 만들 것인가에 대한 초기의 구상을 밝히고 그것을 '근대 조선기술'을 중심으로 결정하는 과정을 밝혔다. 3장과 4장은 이런 구상을 실현하기 위하여 일본 국내외에서 자료를 조사하고 수집하는 과정을 밝혔다. 여기에는 일본의 해군 및 함정 자료들을 포함하여 미국이나 영연방까지도 포함되어 있다. 이를 통해 우리는 매우 광범하고 체계적인 자료 수집이 이루어지고 있음을 알 수 있다. 5장은 박물관 설립을 위한 지역 여론 형성 과정으로, 1995년부터 2004년까지 9회에 설친 심포지엄의 과정과 내용을 기록하였다. 야마토 박물관은 원래 구레 시가 히로시마 현에 요청하여 일종의 현립박물관으로 만들려고 하였으나 여의치 않게 되자 구레 시의 장기 기본 구상에 포함시켜, 시 주체의 박물관 건설로 전환했으며, 이 내용이 6장에 기술되어 있다. 7장부터 9장까지는 구체적인 박물관 설립 과정을 보여 주고 있는데, 여기에는 일본 전국적으로 이루어진 설립 취지의 설명과 나카소네 전 총리의 관여나 시의회의 논의, 그리고 전함 야마토의 모형 제작 과정, 그리고 잠수함 전시 과정 등이 기술되었다. 10장은 구레의 박물관

야마토 박물관의 건립 과정에서 가장 흥미로운 점은 박물관 건립을 둘러싼 경쟁과 갈등이다. 1993년 구레 시장에 당선된 오가사와라는 지역의 상공회의소와 지식인층, 교육위원회 등을 결집시켜 박물관 건설을 강력히 추진해 나가기 시작했다. 그는 구레 시 시사(市史)편찬실에 근무하고 있던 지다(千田武志)에게 자료 수집과 박물관의 개념 정립에 관한 실무를 담당하도록 하였다. 그는 1971년부터 방위연구소에서 해군사를 연구하고 1978년부터 13년간 구레 시의 역사를 연구하였고, 이를 바탕으로 구레의 정체성을 '기술'로 규정했다. 즉, 구레는 '해군의 마을'이라기보다는 '장인(공인)의 마을'로 규정하는 것이 정확하다는 견해를 피력하였다. 그는 오스트레일리아 전쟁 기념관을 모델로 하여, 장인들을 중심으로 한 생활사와 그들의 기술력, 대포와 선박제조기술을 종합적으로 배치하는 전시 계획을 구상하였다. 그는 1995년부터 시작된 '야마토에 묻는다'라는 토론회를 중심으로 여론을 조성하는 한편,[5] IHI조선소를 통해 자료를 수집하였다.

설립 과정에 따라 바다에 가라앉아 있는 배의 선체를 조사하고, 전시회가 열리는 등의 높아진 사회적 관심에 대해 언급하고 있으며, 11장은 박물관 건축공사 과정을 다루고 있다. 12장은 박물관 개관 후의 반응과 남은 과제를 언급하고 있다.
5) '大和'を語る会, 『シンポジウム'大和'におもう』 1~7회, 1995~

오가사와라 시장은 초기에 지다의 의견을 수용했지만, 점차 해군공창이나 기술보다는 전함 야마토를 중심으로 한 기획으로 기울어지기 시작하였다. 특히 오가사와라 시장은 기존 박물관과는 다른 독특함을 가진 박물관이어야 하며, 일본의 젊은이들이 일본 해군사나 전쟁을 잘 모르기 때문에 이를 계몽할 필요가 있다는 점을 강조하면서 박물관 건립이 가져올 사회교육적 효과를 중시했다. 그는 박물관의 전시 내용을 둘러싸고 지다와 마찰을 빚었고, 결국 시장 임기 제3기(2001.11~2005.11)에 그를 배제하였다.[6]

구레 시를 중심으로 박물관 건설이 추진되는 과정에서 박물관의 기본 개념을 둘러싸고 평화운동 내부에서 이에 대응하려는 움직임이 나타났다. 1995년, 구레 전재를 기록하는 모임, 역사교육자협의회, 일교조평화교육추진부, 비핵의 구레 항을 추구하는 모임 그리고 피스링크 등은 구레 전재진실행위원회(吳戰災展実行委員会)를 구성하여 구레 전재 50주년 기념전을 개최하는 동시에, 구레 시에 전재(戰災)를 중심으로한 전쟁기념관 건설을 요청하였

2003. (이하 『심포지엄 자료집』)
6) 지다 교수와의 면접에 의함. 그는 이 무렵 구레 시사편찬위원회를 사직하고 히로시마 국제대학 교수직으로 옮겼다.

다.7) 그러나 이들의 기획은 보수적인 정치권으로부터 무시당했고, 당시 신노선을 둘러싼 분열과 합종연횡에 골몰하던 사회당 역시 이를 적극적으로 지지하지 못한 결과, 박물관 건설의 주류적 흐름에서 주변화되었다. 이런 현상이 시의회 회의록에 기록되어 있는데, 1993년부터 오늘날까지 사민당 출신으로 구레 시의회 의원으로 활동하고 있는 오노 요시코는 이를 매우 자세하게 언급하였다.8)

시의회 회의록을 분석해 보면, 박물관 설립의 주류파는 "구레 시의 상징으로 잊을 수 없는 것이 해상자위대와 대일본제국 해군의 역사이다. 박물관은 전쟁을 바르게 이해하기 위하여 해군의 역사를 크게 취급할 필요가 있다. 대 구레 시의 재생의 기념관에 위치해야 할 것은 구레의 역사 문화 산업기술의 발자취를 알게 하는 바탕 위에서 교육의 장으로도 활용하는 사업으로, 역사가 보이는 관광

---

7) 이 전시회는 [그로부터 반세기 반복하지 말라, 구레의 전쟁피해 (呉の戰災)]였다. 이들은 "구레가 다른 도시보다 심한 공습 피해를 받았던 이유는 무엇인가? 히로시마나 후쿠야마 등지에는 있는 평화·전쟁피해 기념관이 구레 시에서는 왜 만들어지지 않고 있는가?"를 질문하면서, "피해의 실태가 어땠는가? 희생자에게 어떻게 보답할 것인가?"는 전후의 처리로서 행하지 않으면 안 되는 일이었고, 그것을 끝내지 않는 한 '전후'는 끝나지 않는다고 주장하였다.

8) 大野よし子, 「海事歷史科學館と平和, 呉市民平和講座」 제3회, 2006.12.

사업이어야 한다."고 주장했다. 시에서는 전함 야마토나 군사 자료를 볼 수 있어야 한다는 주장은 하지 않고 조선 기술의 자료를 수집하는 것을 진행하는 단계였다.

1996년 12월, 의원들 사이에서 박물관 설립의 방향을 둘러싼 논의가 가열되었으며, 히로시마 현의 입장은 재정 곤란으로 이를 추진할 수 없으니 시가 주체가 될 수 밖에 없다는 의견이 나왔다. 시에서도 '현에서 가능한 한 지원 받지만, 지금부터는 구레가 주체가 될 수밖에 없다'는 답변을 하였다. 그때 '세계에 자랑할 만한 단 하나의 박물관'을 만들 장소로 구레 무로마치의 매립지가 최적지라는 의견이 제출되었다. 반대파 의원들은 구레 시의 이미지와 군전법과의 관계를 내세워 이의를 제기했으나 군전법을 활용하여 국유재산을 전용할 수 있다는 답을 하였다. 다른 반대파 의원은 '야마토를 정점으로 하는 조선기술이란 조선기술이라기보다는 군사기술이며 그 상징도 군함의 이미지'라는 의문을 제기하였다.

1997년 3월, 구체적인 '구레 시 해사박물관 기본 계획'이 책정되었고, 이로부터 '실시 계획', '전시 계획'들이 계속 추진되었다. 이 상황에서 가장 큰 문제는 재정 문제였다. 이 때문에 '기금조례'의 제정이 논의되었다. 당시 시에서는 이 문제에 대한 해결 방법을 언급하지 않았다. 자료가 8만 점이 수집되었으나 박물관 건립 문제는 여전히 추상적이었다.

이 시점에서 야마토에 관련된 사람들의 모임이 만들어지기 시작하였다. '야마토를 말하는 모임'이 결성되고, 심포지엄 '야마토를 생각함'에서 "전후 교육도 전전이나 전쟁 중의 일을 봉인하여 직시하지 않았다. 진정한 평화주의를 위하여 이제부터라도 과거를 바르게 바라볼 필요가 있다."라는 의견을 개진했다. 그 가운데 "방위청 자료를 박물관에 가져와야 한다."라든가, "구레는 해군에 의해 영욕을 겪었고, 해군의 기술에 의해 발전할 수 있었다는 것이 과언이 아니므로 그 길을 생각할 수 있는 장소, 평화교육의 장소에서 실물의 병기를 전시하고 관람자가 전쟁 속에서 평화를 생각할 수 있도록 하여야 한다."라는 주장이 제기되었다. '전쟁을 직접 체험'할 수 있는 박물관 건설이 이루어져야 한다는 것이다.

구레 시의회의 논의를 분석해보면, 동일한 언어 속에서 평화를 포착하는 방법과 '군전법'을 해석하는 시각의 차이가 추진파와 반대파 사이에 놓여 있음을 알 수 있다. 그러나 논의의 주도권은 시와 추진파가 갖고 있고, 반대파가 지속적으로 끌려가는 양상을 보이고 있었다. 당시 시에서는 "구레는 해군공창과 함께 걸어왔다. 전후 그 기술이 평화 산업을 일으켰지만, 역사의 전시가 전쟁의 비참함, 평화의 존중을 호소하는 것이 되"도록 하며, "군전법에서 평화산업으로"라는 표현을 포함시킬 것이라는 답을 하였다. 반대파에서는 국가재정이 파산 상태여서 정부나 현이 지원을 할 수 없고, 시가 단독으로 이를 추진하는 것은 무리이므로 사업을 중단해야 한다는 주장을 하였으나, 추진파는 지속적으로 야마토 담론을 생산하면서 야마토를 어떻게 박물관에 포함시킬 것인가를 질문했다. 시는 "야마토를 위한 박물관은 아니다."는 답변을 하였다.

'야마토를 말하는 모임'은 "구레 시가 전국에 과시할 수 있는 것은 야마토의 역사, 구 해군의 역사"라는 주장을 하면서, "그것은 전쟁을 찬미하는 것이 아니라 구레의 오직 하나뿐인 박물관을 만들기 위해서는 불가피한 것"이라는 논리를 내세웠다.

1998년 3월에 '구레 시 해사박물관 전시 계획'이 만들어졌다. 이때 처음으로 시가 방위청에 재정 지원을 요청하였다. 반대파 의원들은 대형 건물을 지을 경우 재정 위기에 빠질 위험이 있으므로 중단해야 한다는 주장을 반복하였다. 1998년 6월에 전시 계획에서 잠수함을 육지에 끌어 올려 전시하는 발상이 나타났다. 그런 가운데 사업비가 80억 엔으로 계상되었다. 이후 이 사업비는 70억 엔, 나

중에는 65억 엔으로 감소하였다. 재정적 어려움이 상당히 컸음을 알 수 있다.

시의회에서의 논의를 보면 추진파와 반대파 모두 똑같이 군전법과 평화산업 항만도시론을 기초로 하고 있는데, 한쪽에서는 야마토 박물관의 역사관을 '전쟁 찬미'라고 하고, 다른 쪽에서는 '그것이 바로 일본의 역사이므로 그대로 보여 주어야 한다'고 본다.

이렇게 본다면 1990년대 중반부터 세 개의 서로 다른 기획들이 형성되어 경쟁하였고, 결국 시장주도의 야마토 전함 중심의 뮤지엄이 탄생하였다고 할 수 있다. 이 기획들을 비교하면 다음과 같다.

〈표 3〉 박물관 구상의 경쟁적 기획들

	공창(工廠) 중심 기획	야마토 중심 기획	전재(戰災) 중심 기획
주도 세력	지다 교수 일부 관료	오가사와라 전 시장, IHI, 상공회의소, 교육위원회	평화운동(피스링크) 구레전재전실행위원회
전전 구레	장인의 마을	야마토의 고향, 조선 산업 중심지	군도 (일본의 침략 거점)
전시 내용	공창을 중심으로 한 주민생활과 기술	야마토로 상징되는 구레의 조선기술	시민들의 전시 생활과 피해
핵심 개념	해군공창, 기술	조선, 야마토	전재, 평화

특징	'전쟁을 있는 그대로 보여줘야 한다'는 사실주의적 시각을 강조함. 그것이 전쟁의 비참함에 대한 자각으로 이어진다고 봄	전후 야마토의 이야기가 억압·터부시되었다고 보고 '야마토를 생산한 구레의 긍지를 되살려야 한다'며 사회교육 목적의 도구주의적 접근을 취함	15년 전쟁 기간, 일본의 전쟁 책임을 명확히 하면서도 전재의 실태를 상세히 규명, 구레의 현재를 군사기지와의 공존을 통해 설명

2000년에 이르러 건축 및 전시 기본 설계에 착수하였고, 2002년에는 건축공사에 착수하여 2005년 4월 해사역사과학관이 개관하였다. 박물관 건설 계획이 추진되는 과정에서 지역 평화운동단체들은 시민의견이나 '백지철회를 요구하는 요청서', '공개질의서' 등을 제출했고, 사민당 등도 반대 의견을 냈으나 시는 이를 계속 추진하였다.

2. 야마토에 관한 상상력의 동원

구레의 전쟁 기억은 두 가지 원천을 갖는다. 하나는 1945년 4월에 침몰한 전함 야마토(大和)의 기억이고 다른 하나는 이 기간에 겪은 대규모 공습 경험이다. 두 가지 기억은 전후의 부흥을 거치면서 서로 분리되어 하나는 지역사회의 기술이라는 것을 매개로 우파적 자긍심을 구성하는 원천으로, 다른 하나는 전쟁의 공포를 매개로 평화주의의 자원으로 활용되었다.

　구레에서 야마토 담론이 지역 정체성과 본격적으로 연결되기 시작하고 확산된 것은 1995년 10월 구레 시의 전후 50주년 기념사업의 일환으로 이루어진 심포지엄이 중요한 계기였다. 이 심포지엄은 제5회 '붉은 기와 네트웍' 총회 구레 대회를 겸했다. 1995년은 일본에게는 태평양전쟁 패배 50주년이었다. 이 패전은 이후 '종전'으로 기억되었고, 이해에 일본에서는 전국적으로 전후 50주년 사업이 진행되었다. 구레 시도 전후 50주년 사업으로 15개의 사업을 계획하였는데, 그중의 하나가 제5회 붉은기와(赤煉瓦)네트웍 구레 총회였다. 이 회의는 구레의 '구레 렌가(연와)건조물 연구회'라는 모임과 전국 네트웍이 결합하여 진행한 것으로, 이 건조물연구회 회원들은 오노키(大之木英雄)을 중심으로 하여, 아사히 신문사 구레지국장 와타나베(渡邊圭司)와 상의하여 회의의 주제를 야마토에 관한 것으로 하기로 하였다. 이 회의는 1995년 10월 21일, 구레 시 문화홀에서 800명의 시민이 참석한 가운데, '심포지엄 '大和'를 생각함―렌가가 있는 풍경―구레에서'라는 제목으로 열렸다. 이 심포지엄에서 야마토 전함의 건조는 가장 체계화된 구레 공창(工廠)이 있었기 때문에 가능한 것이었으며, 야마토 전함의 승무원 대부분은 죽었지만 그들의 정신은 '신생 일본'의 기초가 되었고, 야마토 전함은 사라졌어도 그것을 만든 직인들의 기술은 영원히 살아남았으며, 야마토는 진혼으로서의 이야기로 남았다는 논의가 이루어졌다.

최초의 심포지엄에서 기조 강연자였던 하야사카(早坂 曉)는 시나리오 및 방송작가로 '보카상의 엄마'를 썼는데, 이것이 야마토 전함과 관련된 것이었다. 그는 강연회에서 야마토 전함의 침몰 상황을 주로 언급하면서, 침몰하기 전의 비장한 상황을 침몰 직전의 병사들의 최후의 만찬을 통하여 표현하였다. 야마토 전함은 최후의 만찬이 이루어진 3시간 후 도쿠야마(德山)를 출항하여 도요코 수도(豊後水道)를 따라 천천히 오키나와를 향해 나아갔는데, 이를 미국의 잠수함이 추적하여 이튿날 오후 수많은 비행기가 공격하여 침몰하였다. 그는 야마토 전함을 주포의 구경 46cm, 사거리 4만m의 세계 최대의 대포를 장착한 "최대 최강의 전함"으로 표현하였다.[9] 그는 야마토 전함은 당시 일본이 모든 에너지를 한 점에 집중시켜 만든 조형물이자 군함이라고 평가했다. 그는 "근대 공업국가란 전함을 만

---

[9] 『심포지엄 자료집』, 5쪽.

드는 나라"로 정의하고, 전함은 근대국가가 가진 공업력을 총결집하여 만든 것으로 이를 표현한 것이 야마토 전함이라고 말했다. 또한 야마토 전함은 미국에 대항하기 위한 것으로 파나마 운하의 상황을 염두에 둔 것이며, 건조 비용은 주로 생사수출대금으로 충당되어 결국 여공들의 희생으로 건조된 것이라고 설명하였다.

〈그림 24〉 건조를 앞두고 마무리 작업 중인
전함 야마토(1941년 9월)

출처: 야마토 뮤지엄

하야사카는 야마토 전함은 일점 집중주의에 의해 만들어진 것으로, 전쟁을 위한 도구일 뿐 아니라 대규모 조형물로서의 의미를 가지는 것이라고 생각했다. 일본의 문화 전통에서의 3층탑이나 5층탑 형식의 성과 같이 메이지 이래의 최대 최고의 건조물로 바라보아야 한다는 것이다. 그는 야마토 전함을 일본의 공업력과 문화력이 결합된 것, 일종의 종합적 (오케스트라적) 창조물로 보았다. 그는 궁극적으로 "야마토 전함이 일본인의 마음과 정신을 상징하는 것"이라는 말을 하고 싶어 했다.[10] 일본은 국력이 없으므로 항상 지구전은 제대로 할 수 없고, 기습전을 수행해 왔으며, 야마토 전함은 이를 나타내는 '슬픈 기념비'라는 것이다.

최초의 심포지엄에서 이 심포지엄을 실질적으로 조직한 실무책임자였던 지다(千田武志) 교수는 패널 진행자였는데, 그는 구레 렌가(연와)건조물연구회 회원이자 구레 시사편찬실 주간이었다. 이 패널에는 야마토 전함의 설계에 참여한 니시하타(西畑作太郎)가 참여하여 야마토 전함 이전의 군함과 야마토 전함을 비교하면서 그 특징을 설명하였다. 그에 따르면, 야마토 전함의 건조 계획과 실제 건조 과정, 출동 모두 극비 사항으로, 조기, 대포, 통신 분야의 기술이 결집된 것이며, 그 특징을 높은 선체의 길이, 구형 선수(球形 船首), 연돌 한 개라고 보았다. 특히 구형 선수는 속도를 높이기 위한 것으로, 이 기술이 전후의

---

10) 『심포지엄 자료집』, 6쪽.

일본 선박기술에 채택되었다고 강조하였다. 야마토 전함에 표현된 기술력이 살아남아 전후 부흥의 원동력이 되었다는 담론을 뚜렷하게 표명한 것이다.

또 다른 패널리스트로 참여한 호세이 대학 교수인 다나카(田中優子)는 이 토론에서 야마토 전함의 특징을 '이야기(物語)와 기술'로 집약하였다.[11] 여기에서 이야기란 진혼(鎭魂)에 관한 것이었으며, 기술론은 현재의 일본이 겪고 있는 '기술 공동화 위험론'이었다. 이 심포지엄의 후원은 구레 시의 그린 라이온즈클럽, 블루 라이온즈클럽, 우루메 라이온즈클럽, 포토 라이온즈클럽, 로타리클럽, 청년회의소, 사담회(史談會), 문화진흥재단, 교육위원회 등이었다.

이후 야마토 담론은 어떻게 전개되었는가. 원래 1995년의 심포지엄 조직자들은 이를 일회성 행사로 생각했으나, 이 심포지엄이 성공적으로 끝나자 시민들로부터 이를 지속해 달라는 요청이 있었다.[12] 구레 시장 및 심포지엄 조직자들은 야마토 심포지엄을 지속하기로 하고, '야마토를 말하는 회'를 1997년 1월에 조직하여 제2회 심포지엄을 열

---

11) 『심포지엄 자료집』, 10~12쪽.
12) 심포지엄 자료집에서는 '올해의 심포지엄은 언제 할 것인가'라는 질문이 쇄도했다고 표현했다(284쪽).

었다. 이후 2002년까지 총 7회의 심포지엄을 열었고, 2003년에는 『심포지엄 야마토에 묻는다(シンポジウム大和におもう)』라는 제목의 자료집을 발간하였다. 여기에는 총 7회의 심포지엄 발표문과 토론 내용이 실려 있으므로, 이를 분석해 보면 구레에서 야마토 담론이 어떻게 형성되고 주민들에게 소비되었는가를 파악할 수 있다.

심포지엄 자료집은 구레 시가 '야마토를 말하는 회'를 통하여 야마토 전함을 구레의 역사적 상징으로 만들어가는 과정을 잘 보여 준다. 이 모임의 성원들은 "구레는 야마토를 건조하고, 모항으로서 송영(送迎)을 한 고향이다."라고 썼다. 이들은 야마토에 대해 다양하게 평가하지만, 야마토 전함은 "전전의 일본 해군의 기술을 결집하여 건조했던, 지금까지도 세계 제1의 규모로 기록된 거함으로, 이것이 사라진 50년이 지나도 여전히 화제가 되는 것"으로 인식하였다. 이에 따르면, 야마토는 단순한 병기가 아니라 일본이라는 국가의 명운을 좌우하여 일본인의 심정이 비밀스럽게 숨어있는 상징으로, 1945년의 야마토의 침몰은 전전이 끝나고 전후가 시작되는 계기라는 것이다. 그래서 야마토와 함께 일본인이 무엇을 잃고, 또는 의식적으로 무엇을 버리고 전후를 걸어왔는가를 질문해야 한다고 생각했다. 이 모임의 발기인들은 역사적 사실을 포함하여 어떤 방향으로 나아가야 하는가에 관한 지침을 구하기 위해 이 모임을 결성한다고 밝혔다. 이 모임은 1997년 1월 17일 약 100명의 회원으로 출발하였고, 회장으로 오노키(大之木英雄)를 선출하였다. 이 모임은 제2회 심포지엄을 1997년 2월 14일 개최하였다.

제2회 심포지엄부터 '야마토를 말하는 회'가 주최를 하면서, 이 회의 회장인 오노키는 요시다(吉田滿)의 저서 『전함 야마토의 최후(戰艦大和の最期)』를 자주 인용하면서 야마토 전함의 침몰 상황을 소개하는 것으로 심포지엄을 시작하는 방식을 취하였다. 그는 야마토 전함의 최후를 인용하는 과정에서 자주 야마토 승무원들의 '사투하는 모습에서 전쟁의 비참함을 응시'하고 또한 이 '최후까지 책임을 다한 숭고한 사실'을 강조하면서 '현재의 일본을 미증유의 정체와 폐색감이 지배하는 사회'로 규정하는 어법을 구사했다. 야마토의 경험으로부터 역사적 교훈을 끌어내야 한다는 논리를 제시하였다.13) 심지어 '야마토 정신(大和魂)'이라는 용어도 등장하였다.14) 제2회 심포지엄은 공동 주최자로서 오가사와라 구레 시장이 구레를 '야마토'의 고향으로 규정하였다.

---

13) 『심포지엄 자료집』, 23쪽.
14) 『심포지엄 자료집』, 53쪽.

원래 이들은 일본의 유명한 평론가로 활동하고 있었던 다치바나 다카시(立花 隆)를 초청하려고 했으나 여의치 않자 작가인 이노세(猪瀬直樹)를 초청하였는데, 그는 "평화는 전쟁을 직시하면서 대화하는 가운데 생겨난다."는 말로 '전쟁을 직시'하도록 하였다. 이것은 이 시기에 구레 시가 해사(海事)박물관 건립을 구상하고 있었다는 점을 감안한 방향 제시의 의미가 있었다. 그는 박물관 건설에서 참고할 수 있는 모델로 런던의 전쟁박물관과 뉴욕의 해군항공우주박물관을 언급하였다. 이와 함께, 야마토 전함의 승무원으로 '수측사', 즉 수중에서 적의 잠수함을 발견하고 공격하는 일을 하였던 사람들을 초청하여 그 경험을 들었다. 이런 움직임은 야마토 전함에 대한 일종의 향수를 불러내서 그것을 지역의 상징으로 만들어 내는 프로젝트 논의가 구체화되기 시작한 것으로 평가될 수 있다.

　　제3회 심포지엄은 1998년 4월 7일, '야마토(大和)에서 야마토(やまと)로'라는 제목으로 열렸는데, 이는 일본의 유명한 만화가 마쓰모토(松本零士)를 초청했기 때문이다. 마쓰모토는 한국에서도 매우 잘 알려진 만화가로, 『우주전함 야마토』, 『은하철도 999』등의 작품을 썼기 때문에 어린이를 동반한 가족 청중이 많이 모였다. 3장에서도 언급한 것처럼, 1974년 『우주전함 야마토』는 크게 흥행에

성공하였다. 『우주전함 야마토』는 전함 야마토가 침몰한 255년 후, 방사능에 오염된 지구를 구하기 위하여 14만 8천 광년 떨어진 별에서 온 소년이 오염을 제거하기 위한 활동을 하는 줄거리로, 마쓰모토는 우주전함 야마토의 주인공은 야마토 전함에서 숨진 장병의 심정과 일맥상통하는 캐릭터라고 설명하였다.[15] 흥미로운 것은 심포지엄의 날짜를 일부러 야마토 전함이 침몰한 날짜로 잡았다는 점이다. 마쓰모토의 만화는 야마토 담론을 '과거'에 그대로 묻어 두지 않고, 적극적으로 불러내서 '미래의 기술 발전'으로 연결시키는 시도였을 뿐 아니라 야마토의 기억을 전전 세대의 어두움에서 미래 세대의 밝음으로 바꾸어내는 장치였다. 그러나 평화적 교훈보다는 모험을 내세운 현실의 합리화일 수 있다.

제4회 심포지엄은 1999년 10월 7일에 열렸으며, '현대에 살아남은 야마토의 기술'이라는 제목이 말해 주듯이 '기술'에 초점을 맞추었다. 기조 강연자는 『전함 야마토의 탄생』이라는 책을 쓴 마에마(前間孝則)로, 그는 전전의 해군을 중심으로 하는 군사기술이 일본의 전후 산업 발전에 어떻게 공헌했는가를 오랫동안 추적해 온 작가이다. 마에

---

15) 『심포지엄 자료집』, 55~63쪽.

〈그림 25〉 야마토 뮤지엄에 전시된
마쓰모토 레이지 '명예관장'의 모습

2009년 8월 1일 촬영.

마는 구레 공창의 기술과 생산관리 체계를 자세히 설명하면서, 여기에서 일한 숙련공들이 전후 어떻게 다른 작업장에서 자신의 기술력을 발휘했는가를 자세히 언급하였다.16) 그의 강연과 함께, 구체적으로 구레 공창의 기술이 히로시마나 구레의 기업에 미친 영향을 알기 위하여 지방의 기업을 대표하여 자동차, 철강, 조선의 세 분야에서 활동한 기술 간부들을 패널로 초청하였다.

16) 『심포지엄 자료집』, 71~79쪽.

〈그림 26〉 야마토의 기술로 전후를 이끈 기업들

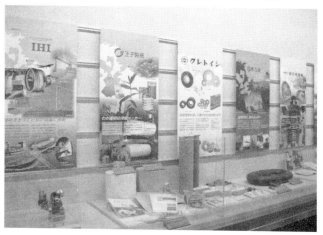

IHI, 왕자제지, 신일본제강 등 야마토의 기술을 현대에 접목시켜 성공한 기업들이 야마토 뮤지엄에 전시되어 있다. 2009년 8월 2일 촬영.

　　제5회 심포지엄은 아사히 텔레비전 방송이 1999년 10월 2일 침몰한 야마토 전함의 잔해를 탐사한 내용을 방영하자, 이 해저 탐사에 참여한 사람들을 패널리스트로 초대하여 이루어졌다. 아사히 텔레비전은 1999년 8월, 11일간에 걸쳐 침몰한 야마토 전함의 해저탐사를 진행하였고, 야마토 전함의 상징이었던 국화 문양의 장식을 찍었다. 이 심포지엄은 이 방송이 이루어진 약 1년 후인 2000년 10월 13일에 이루어졌으며, 약 700명이 참여했고 아사히방송의 와타나베(渡邊宜嗣) 아나운서가 기조강연을 하였다.

그는 해저탐사 프로젝트의 경위를 설명하였다. 이어 야마토 전함의 승무원으로부터 침몰 당시의 상황, 그리고 선박 건조기술자로부터 야마토 전함의 설계 사상, 역사가에게 야마토 전함의 침몰과 폭발 상황 등을 들었다.

2002년은 구레에 시제가 실시된 100년이었으므로, 심포지엄을 이 행사와 연결시켜 계획해야 한다거나, 5회 심포지엄 이후 너무 오랫동안 논의를 하지 않아서 심포지엄을 열어야 한다는 의견이 많아서 급하게 6회 심포지엄이 조직되었다. 이에 따라 2002년 2월 7일 '소년병이 본 야마토'라는 제목으로 승무원으로부터 경험을 들었는데, 그는 야마토 전함의 승무원의 시체와 나란하게 야마토 전함 갑판에 벚꽃이 흩어진 모습을 이야기하였다. 그는 아직 벚꽃놀이를 할 수 없다고 말하고, 평화로운 이 시대에 살아가는 의미를 생각해야 한다고 말했다.[17]

---

17) 1960년대는 1964년의 동경올림픽 개최와 고도의 경제성장을 바탕으로 일본이 스스로 자신감을 되찾아 이를 외부로 표출하던 시대였다. 경제적 부를 배경으로 일본의 사기 긍정 분위기가 최고조에 달하면서, 과거의 고난에 대한 '희생'이 특히 강조되었으며, 그것을 딛고 이룩한 것이 현재의 '평화'와 '번영'이라는 담론은 일본 곳곳에서 찾아볼 수 있었다. 즉, 과거의 고난에 대한 '희생'이 마치 인과론적으로 1960년대의 '평화' 및 '번영'으로 연결된다는 점이 부각되었던 것이다. 이 논리에 따르면 전쟁의 고난은, 그 덕분에 오늘의 평화와 번영이 있다고 정당화된다. 이런 논리를 이치노세 토시야(一ノ瀬俊也, 2002)는 '초석론(礎論)'이라고

〈표 4〉 '大和' 심포지엄의 주요 내용[18]

일시	주제	주 발표자	핵심 개념	시민 참여자 수
1995.10.21	연와가 있는 풍경	早坂曉(작가)	吳工廠, 신생일본, 기술, 진혼	800명
1997.2.14	승무원 체험담	猪瀬直樹(작가)		1,000명
1998.4.7	'大和'에서 야마토로	松本零士 (만화가)	우주전함, 미래, 모험	1,100명
1999.10.7	기술의 계승	前間孝則 (기술사연구자)	역사적 사실, 기술	700명
2000.10.13	해저의 야마토와의 재회	渡邊宜嗣 (방송인)	해저 탐사	700명

불렀다. 이 논리는 시간적 순서를 인과관계로 바꿔놓는 그릇된 논리(post hoc, ergo porpter hoc)를 따르는 전형적인 것이다(노마 필드, 박이엽 역, 『죽어가는 천황의 나라에서』, 창작과비평사, 1995, 240쪽). 그렇기 때문에 이 논리는 현재 일본의 평화와 번영이 사실 주변 지역의 고난을 바탕으로 하고 있다는 '진실'을 철저하게 은폐하는 것이기도 하다. 동아시아의 지평에서 보면, 일본의 번영은 '한국전쟁 특수'에서 시작되었으며, 일본의 평화는 한국과 대만의 '전쟁'에 기반하고 있었던 것이다. 현재의 '평화'는 과거 '전쟁' 등의 고난 덕분이었다는 '초석론'의 이런 잘못된 논리는 '야스쿠니'적인 사고와 '평화'를 연결시키는 핵심적인 기제였다(김민환, 「오키나와평화기념공원 형성의 다른 경로」, 이지원 외, 『오키나와로 가는 길』, 소화, 2014, 195~197쪽). 여기서 야마토의 희생이 현재의 '평화'와 관련있다는 이 발언은 전형적인 '초석론'의 담론 구조를 이룬다.

18) 앞에서 소개한 오가사와라 전 시장의 책(2007)에는 『심포지엄 자료집』에 빠져 있는 8회와 9회의 토론회에 관한 내용이 실려 있다.

2002.2.7	소년병이 본 大和	八杉康夫 (승조원)	죽음과 평화	350명
2002.10.11	大和의 건조와 침몰	立花 隆 (평론가)	신문 보도의 허구성, 감시	1,300명
2003.11.10	해군전략과 야마토		역사의 교훈 40년 주기설	
2004.11.27	구레해군공창의 기술적 성과와 과제		기술과 역사	

자료: 『심포지엄 야마토에 묻는다』(2003); 小笠原臣也(2007)[19]

제7회 심포지엄은 구레 시 지정 100주년 기념사업의 일환으로 개최되었는데, 2002년 10월 11일, 1,300명이 참여한 마지막 심포지엄으로, 유명한 평론가인 다치바나를 초청하여 '야마토의 건조와 침몰의 의미'에 관한 논의를 하였다. 그는 미국과의 전쟁을 앞두고 왜 일본 해군은 야마토 전함을 건조했는가? 절망적인 전쟁 국면에서 왜 야마토 전함이 '특공 출격'을 하지 않으면 안 되었는가? 야마토의 침몰로 인하여 얻은 것과 잃은 것은 무엇인가를 질문하였다. 다치바나는 당시 신문 보도가 실제 상황과는 매우 다른 보도를 하고 있었다는 점을 강조하고, 허구적인 대본영 발표에 따라 일본인들이 현실을 제대로 인식할

---

19) 小笠原臣也, 『戰艦 '大和'の博物館—大和ミュージアム誕生の全記錄』, 東京: 芙蓉書房出版, 2007.

수 없는 '망상 상태'였다는 점을 강조했다.[20] 그는 과거의 역사가 현재의 경고가 된다는 점, 비판적 언론의 감시 역할을 강조하였다. 결론적으로 이 심포지엄은 야마토라는 소재로부터 현실을 직시하고 새로운 방향으로 나아가는 지침을 구할 필요가 있다는 것이다. 다치바나의 주장은 이전의 논의들과는 약간 다른 역사적 감각을 포함하고 있다. 야마토 전함에 초점을 두기보다는 당시의 언론 통제에 초점을 두고 있기 때문이다.

그렇지만, 이 심포지엄에서 흥미로운 것은 서두에서 행한 사회자의 멘트였다. 여기에서 사회자는 태평양전쟁 당시 미국과의 전쟁을 전함으로 대표되는 선박시대와 항공기시대의 대결로 보고, 일본이 항공기시대에 대응하지 못하여 패배하였는데, 그 후 일본의 산업 발달로 이를 만회했다고 보았다.[21] 그는 일본의 자동차 산업과 컴퓨터 산업이 미국을 누르고 세계를 제패했는데, 현재 미국의 만회, 그리고 중국이나 한국의 추격으로 일본 경제가 다시 어려워졌다고 보았으며, 이런 상황을 타개하기 위한 역사적 교훈을 야마토의 기억으로부터 구하려는 태도를 보이고 있다.

20) 『심포지엄 자료집』, 287쪽.
21) 『심포지엄 자료집』, 240쪽.

결국 제7회 심포지엄은 나시바나의 강연과 함께 이전에 기조 발제자로 발표했던 마쓰모토, 마에마, 와타나베를 다시 패널리스트로 초청하여 야마토 담론을 결산하는 기회였다. 이후 제8회 심포지엄은 「해군전략과 야마토 －야마토에서 배우는 역사의 교훈－일본 근현대사의 40년 주기설에서 보는 경고」(2003.11.10), 제9회 심포지엄은 「구레해군공창의 기술적 과제와 성과－기술이나 역사를 생각하는 장으로서의 야마토 뮤지엄에의 기대」로 주제를 정하였다(2004.11.27).

1995년부터 2004년까지 총 9회에 걸쳐 야마토 전함을 소재로 하여 열린 심포지엄은 전국적으로 유명한 작가나 만화가, 방송인들이 초청된 한편으로 야마토 전함의 침몰로부터 살아남은 승무원들이 자주 자신의 경험을 말할 수 있는 장이 되었다.[22] 이를 통해 야마토 전함에 대한 향수를 불러 일으키고, 동시에 당시의 일본이 처한 상황에 대한 비판을 명분으로 하여 야마토로 싱징되는 역사적 유산을 구레의 지역적 자원으로 전유할 수 있게 되었다. 이 심포지엄이야말로 새로운 상징을 창출하는 정체성 정치의

---

[22] 좀 더 자세히 분석해 보면 이 심포지엄은 1995년부터 1999년까지 박물관의 방향 모색을 하는 것인데 비해 2000년 이후는 확실히 야마토 전함 중심의 여론 모으기가 강화되었음을 확인할 수 있다.

장이었고, 이에 기초하여 야마토 뮤지엄이 제 모습을 갖출 수 있었다.

심포지엄의 조직자들은 야마토 전함의 생존자들의 증언에 기대어, 전쟁 경험의 핵심을 야마토 전함으로 상징화하고, 이 전쟁 경험을 군사주의나 평화로 해석하기보다는 구레를 세계적인 선박건조기술을 보유한 공간적 집적 장소로 재현하는 데 주력하였다. '비극성'과 함께 '책임감'을 강조하는 윤리적 담론은 군사적으로나 정치적으로 야마토의 사상을 칭송할 수 없는 구조에서 만들어질 수밖에 없는 소극적 정체성의 표현이지만, 동시에 경제 대국을 건설한 일본인들의 기술 중심주의적 심성을 대변하는 적극적 정체성의 표현이라는 양면성을 갖고 있는 것으로 보인다. 이런 심포지엄을 거쳐 야마토 박물관이 2005년 건립되었다. 이 박물관이 10년간의 공론장을 통한 기억의 재구성에 기초하여 건립되었다는 점은 주목할 필요가 있다.

3. 야마토 뮤지엄 전시 내용

야마토 박물관은 크게 1층과 2층의 구레의 역사 전시실과 대형자료 전시실, 3층의 배를 만드는 기술 전시실과 미래 전시실 등으로 구성되어 있고, 옥외 전시물도 갖추고 있다.[23] 구레의 역사는 구레포의 풍경, 진수부의 개정, 해군공창의 설립, 전쟁 경기와 해군공창, 생산과 관리의 합리화, 히로 해군공창과 제11해군항공창, '기술의 결정 전함 야마토', 구레와 태평양전쟁, 구레해군공창에서 건조된 전함정 133척과 기타 특수병기, 평화산업 항만도시로서의 재생, 구레의 현재로 구성된다. 이 가운데 가장 큰 비중을 지니는 것이 '기술의 결정 전함 야마토', '구레와 태평양전쟁'이다.

전시의 중심을 이루는 야마토 전함에 대해서 건조 계획, 건조, 기술, 생애, 승무원, 현재 등 매우 세분된 항목에 따라 설명을 하고 축소 모형을 만들어 전시하고 있다. '야마토 전함의 현재'에는 해저에 가라앉아 있는 유체의 부품 사진을 찍어 전시함으로써 '진정성'을 높이려고 하였다. 태평양전쟁에 관한 전시에서도 개전, 전선의 확대, 전국의 전환, 전선의 후퇴와 최종 국면, 구레에서 건조된 함정과 잠수함의 모형을 1/100의 크기로 만들어 제시하였다.

대형 자료 전시실에는 '영식(零式)함상전투기', 특수 잠항정 '가이류(海龍)', 어뢰와 특공 병기 카이텐(回天), 함

<hr />

23) 呉市海事歴史科学館, 『大和ミュージアム常設展示図録』, ザ メディアジョン, 2005.

〈그림 27〉 야마토 뮤지엄에 전시된 1/10 크기의 모형

2009년 8월 1일 촬영.

포 등이 전시되었으며, 옥외 전시물로 전함 '무쓰(陸奧)'의
주포신과 스크류 등이 있다. 옥외 전시물 옆에는 '철고래
(鉄の鯨)'로 불리는 거대한 퇴역 잠수함이 전시되어 있다.
구레의 상징의 하나로 잠수함을 내세우려는 발상은 원래
1994년 히로시마 아시안 게임에서 나온 것이다. 아시안
게임의 일부가 구레에서 열리자, 구레의 상징으로 잠수함
을 내세우려 했다. 이것이 야마토 박물관의 잠수함 전시
로 실현된 셈이다. 야마토 전함 인양 구상도 있었으나 비
용이 많이 들어 포기하였다.

〈그림 28〉 야마토 뮤지엄 앞에 전시된 거대한 포신과 프로펠러

그 뒤로 '철 고래'의 모습이 보인다. 2009년 2월 2일 촬영.

〈그림 29〉 야마토 뮤지엄에 전시된 각종 전쟁무기들

2009년 8월 1일 촬영.

뮤지엄을 위한 자료는 1990년부터 3년간 일본 전국 560개소를 방문하여 구하고 구레해군공창에 근무했던 후쿠이(福井靜夫)와 자료 수집가인 아라토(新藤源吾)로부터 다수의 자료를 기증받거나 구입했다. 미국해사역사센터에서도 자료를 수집하였다. 오가사와라는 전쟁에서 대부분 없어져서 전시물 수집이 어려웠으며, IHI회사의 협조로 해결했다고 말했다. 전시물 수집에는 해상자위대도 협력했는데, 가장 큰 협력은 퇴역한 잠수함을 제공한 것이다. 이외에 전시물의 상당수가 일반인들의 기증에 의해 수집된 것이다. 근래에는 뮤지엄 정문에 조각상 〈바다의 신〉이 전시되었다. 이는 이탈리아 조각품을 많이 보유한 사람에게 기부 요청하여 이탈리아에서 구입한 것을 기증받은 것이다. 이 조각은 강력한 남성 이미지로 군함 포신과 추진 프로펠러가 함께 합성되어 남근형 이미지를 만들어내고 있다.[24]

전시 내용은 시기에 따라 약간씩 바뀌는데, 2009년 전반기의 전시를 말한다면, 본 전시는 그대로이나 3층에 있던 '마쓰모토 레이지'관 대신 미래와 과학을 중심으로

---

24) 박물관 실무자들은 이런 전시에 대한 필자의 질문에 대해, 남성들이 "국가를 위해, 가족을 위해 생명을 바친 존재들"이라고 응답하였다. 이들은 '가부장제적 평화이미지'를 내면화하고 있다.

후세에게 메시지를 전하는 내용으로 대체되었다. 아가와 히로유키 명예관장(소설가), 마쓰모토 레이지 명예관장(만화가), 마토카와 야스노리 명예관장(우주교육자)의 메시지가 전시되어 있고, 우주 개발과 심해 개발에 관한 특별 전시도 하였다.

야마토 박물관을 종합적으로 평가하자면, 조선 기술을 중심으로 근대화의 시각에서 전전과 전후의 연속성을 강조하는 입장이라고 할 수 있다. 전시 내용의 시각적인 배치라는 측면에서는 야마토 전함을 중심으로 한 배치가 이루어져 있고, 전전 구레의 역사에 있어서는 기술의 선도주자였다는 점(장인의 마을)과 제국 해군의 선도주자였다는 점(기지의 마을, 해군의 마을)이 혼합되어 있다. 전시 내용은 지다 교수의 공창 중심 기획과 오가사와라 전시장의 야마토 중심 기획이 혼합된 형태라고 할 수 있다. 그러나 양자는 구레 해군의 기술이 전후 부흥의 기초가 되어있다는 점,[25] 그리고 전쟁 당시의 상황을 '있는 그대로'

25) 이러한 시각은 구레뿐만 아니라 사세보에서도 발견된다. 사세보 해군사료관은 전전 일본 해군의 활약상을 보여 주면서 '후세에의 유산'이라는 제목으로 "높은 기술력을 집약했던 함정이나 항공기로 전력을 구성했던 해군은 이것들의 개발이나 생산, 군용으로 필요한 제시설의 건설이나 유지에 막대한 자본을 투입해 왔습니다. 그 결과, 기술의 축적, 생산 설비나 사회자본을 후세에 남겨주게 되어, 이 해군의 유산은 전후 일본의 경제부흥에 다

보여 주기만 하면 그것이 곧 평화에의 희구와 연결된다고 인식한다는 점에 있어서는 공통성을 가지고 있다.[26]

야마토 뮤지엄 전시 내용에 대해 뮤지엄 운영자들은 야스쿠니는 싸운 병사가 중심이지만 야마토 뮤지엄은 구레 시의 역사, 특히 당시 조선기술의 우수함을 전하고자 하는 의도에서 건립하였고, 우익들의 시각이나 주장과는 차이가 있으며 나름대로 균형을 이루고 있다고 말했다. 그러나 야마토 박물관에 대한 평가는 설립 취지, 전시 내용, 설립 효과 각각에 대하여 이루어질 수 있고, 또 전문가, 시청공무원, 일반주민, 평화운동가 각각의 집단이 다를 수 있다.

대한 공헌을 하게 되었습니다."라고 설명하고 있다.

26) 구레의 관광 안내책자들은 해상보안자료관이나 해상자위대 구레지방총감부청사, 해상자위대 구레사료관(테쯔노쿠지라관), 나가사코 공원(구 해군묘지), 야마토 뮤지엄, '역사가 보이는 언덕'(야마토의 고향) 등 전쟁·군사 관련 유적이나 시설을 관광상품화하고 있음을 보여 주고 있다. 구레 시가 제작한 『구레의 회랑』이라는 관광 안내 책자의 첫 장을 전함 야마토의 모형과 야마토 뮤지엄이 장식하고 있을 정도로, 구레의 관광산업에서 야마토 뮤지엄을 비롯한 전쟁 유적들이 차지하는 비중은 매우 크다. 또한 10분의 1의 크기로 모형 제작된 야마토와 제로센 전투기, 인간 어뢰인 카이텐, 특수잠항정 카이료우 등의 사진을 보여 주며 "실물이 알려주는 전쟁의 비참"이라는 설명을 곁들이고 있다.

서울대학교 일본연구소
Reading Japan **16**

제5장

야마토 뮤지엄 개관 이후
: 야마토, 핵, 기지를 둘러싼 엇갈림

군대나 기계, 기술 중심의 역사 서술이 아니라 죽은 이들의 상황을 보여 주고, 남은 이들을 말하게 하는 전재(戰災) 중심의 기획전은 중요한 의미를 지니고 있다. 야마토 박물관 추진 그룹이 주로 과거 전쟁의 기억을 야마토 전함에 배치되었다가 살아남은 병사들의 회고에 의존하고 있다면, 이에 맞서는 주민평화운동 그룹은 주로 공습에서 살아남은 주민의 참혹했던 피해의 회고에 의존하고 있다고 볼 수 있다.

야마토 뮤지엄 개관 이후
: 야마토, 핵, 기지를 둘러싼 엇갈림

1. 야마토 뮤지엄 개관의 효과와 논란

야마토 뮤지엄 개관의 효과는 무엇인가? 뮤지엄의 성과는 무엇보다도 구레 관광객의 증가에서 확인된다. 박물관 개설 이전인 2004년에는 구레의 연간 내방객이 약 150만 명이었는데, 2005년 개장 후 345만, 2006년 361만으로 증가하였고, 2007년에는 345만 명을 기록하였다.

<표 5> 구레 방문 관광객 수(천 명, %)

구분	관광객 수	전년비(%)	비고
1999	1,264	85.6	
2000	1,337	105.8	
2001	1,350	101.0	
2002	1,880	139.3	구레 시제 100년
2003	1,450	77.1	
2004	1,550	106.9	
2005	3,450	222.6	야마토 뮤지엄 개관
2006	3,610	104.6	
2007	3,460	95.8	

자료: 『呉市政槪要』(2008: 187)

박물관 입장객 통계에 따르면, 2005년 이 뮤지엄 입장객은 170만 명으로 일본 전국에서 1위, 2006년과 20007년에는 118만, 102만으로 5위를 기록했다. 박물관 개관 후 첫 1년은 구레 방문객의 약 절반이 이 곳을 관람한 것으로 보인다. 박물관 개관 시 구레에서 다른 곳으로 이주하여 살고 있던 사람들이 다수 방문하였다. 이는 빅물관 개징이 계기가 되어 고향 방문자가 일시적으로 크게 늘어났음을 의미하는 것이다. 이해의 박물관 운영에서 수입이 5억 4천만 엔, 지출이 4억 3천만 엔으로 1억 엔의 흑자를 기록하여 박물관 추진 그룹의 입장을 강화시켰다. 여러 군항 도시 중에서 구레가 관광 진흥에 성공한 이유에 대해 오

〈그림 30〉 '터벅터벅 낭만코스'

쿠레 시내 곳곳에 쿠레관광정보플라자에서 설치한 관광 안내판. 야마토 뮤지엄, 해상자위대 지방총감부, 역사가 보이는 언덕 등이 '낭만코스'로 설정되어 있다. 2009년 2월 4일 촬영.

가사와라 전 시장은 구레에 해군의 병학교(일본에 3개의 해군학교가 있음)가 있어서 많은 해군 엘리트를 배출하였다는 점, 동양 제1의 해군기지라는 점, 그리고 구레에서 처음 군함을 제조하고, 가장 큰 전함을 만든 경험을 가진, 일본 해군사에서 가장 중요한 도시라는 점을 들었다.[1) 그는 이전에도 여러 도시에서 해군 관련 전시와 박물관이 있으나 해군에 관한 종합적인 전시는 없었으며, 구레의 야마토 뮤지엄이 최초의 종합 전시관이라는 점을 강조했다.

구레 시의 총 관광객 수는 늘어났지만, 야마토 뮤지엄의 연간 입장객 수는 2005년을 정점으로 하여 점점 줄어드는 추세이다. 야마토의 관광사업화는 성공적이었다고 할 수 있지만, 관광객들이 히로시마나 미야지마에서 숙박하고, 구레에는 당일 관광으로 끝내는 경향이 많아서 체재형 관광 프로그램이 필요한 상황이었다.

야마토 뮤지엄의 실무자들에 따르면, 이 뮤지엄의 관람자들은 미야지마를 관광하고 관광버스로 야마토를 보러 오는 사람들이 많다고 하며, 주로 성인 관광객이 히로시마에서 버스로 오기도 한다. 히로시마 평화박물관은 수학여행단이 중심이라는 점에서 차이가 있다. 중고교 수학여행에서 히로시마의 시설은 국립이어서 입장료가 싸므로(50엔) 자주 가나, 야마토 뮤지엄은 비싸서(500엔) 잘 오지 않는다고 보기도 한다.[2] 그러나 야마토 박물관과 히로시마 평화박물관(원폭 기념관)을 세트로 한 관광 코스는

---

1) 2009년 2월 2일 오가사와라 전 시장과의 대화.
2) 2009년 2월 2일 구레 시 산업과 고마쓰(小松) 과장과의 면접 결과에 따름.

거의 없다. 따라서 야마토 뮤지엄은 개관 첫해를 제외한 이후 3년간 적자 상태가 되었다. 관람객 140만 이상이 방문을 해야 흑자를 이루는데, 그에 미치지 못하고 있기 때문이다. 이 때문에 시청에서 2008년 4월부터 민간 위탁 경영을 실시하게 되었다.

야마토 뮤지엄의 설립 프로젝트에서 지역 경제의 활성화라는 동기가 작용하긴 했지만, 오가사와라 시장은 그보다는 사회교육이 더 중요한 동기였다고 증언한다. 야마토 뮤지엄 개관 후의 관람객들에 대한 온라인 게시판 조사에 따르면, 약 50%는 야마토 박물관의 전시로부터 감동받았다고 응답한 반면, 30~40%는 무덤덤하고, 약 10%는 평화와 무관하다는 비판적 반응을 보였다.[3]

야마토 뮤지엄의 개관은 지역사를 재구성하는 중요한 계기가 되기도 하였다. 우선 IHI조선소의 공장 건물 벽에는 2005년 야마토 뮤지엄의 개관과 함께 〈야마토의 고향(大和のふるさと)〉이라는 대형 글씨가 써졌다.[4] 이는 이 조선소가 야마토 전함을 만든 곳임을 드러낼 뿐 아니라,

---

3) 2009년 2월 2일 야마토 뮤지엄 학예과 과장 츠다씨 면접 결과에 따름.
4) 이 조선소는 원래 구레의 해군공창이었다.

〈그림 31〉 '역시가 보이는 언덕'에서 바라 본 '야마토의 고향'

2009년 2월 4일 촬영.

뮤지엄이라는 새 집으로 이사했음을 나타내는 것이다.

　　대중문화를 통한 홍보의 일종이지만, 야마토 뮤지엄의 개관과 함께 〈남자들의 야마토〉라는 영화가 제작 상영되었다. 이 영화는 "국가를 위해 가족을 위해 목숨을 바친 남자들"이라는 주제로, 일본 영화제에서 촬영상 등을 수상했고, 많은 관객들을 동원하였다. 마쓰모토 레이지는 야마토를 미래의 희망으로 창출한 반면, 영화 '남자들의 야마토'는 비극성을 모티브로 삼고 있기 때문에 메시지가 서로 다르다. 이 영화에 대한 토론회는 없었지만, 구레 시민들

〈그림 32〉 야마토 뮤지엄의 구내 서점에서 판매되는 서적들

전함 야마토의 기술의 우수성을 강조하거나 군인들의 숭고한 희생을 강조하는 것이 대부분이다. 2009년 2월 2일 촬영.

뿐 아니라 외부 관광객을 모으는 등 효과가 상당히 컸다.

또한 구레 시 해사역사과학관은 개관과 함께 『그림으로 보는 구레의 역사: 일본의 근대화와 부흥을 떠받친 마을』을 만들어 구레의 초등학교 고학년부터 중학생까지를 대상으로 무료 배부하였다. 이 책은 본편에 17항목의 34쪽과 자료편의 8쪽으로 구성되어 있는데, 히로시마대학 명예교수인 다카하시(高橋衛), 히로시마 국제대학 교수인 지다(千田武志), 구레 시 해사역사과학관 관장인 도다카(戸高一成)가 공동으로 편집하였다. 이들은 각각 구레 시

기획부에서 해사박물관 추진실 담당, 구레 시 시사편찬실장, 구레 시 기획부 참사보로 일을 한 경력의 소유자들이었다. 평화운동가인 히라가는 이 책이 야마토 뮤지엄의 상설 전시와 거의 유사한 구성을 보이고 있다고 평하였다. 그는 이 책에 대한 분석에서 지다가 주도한 『구레 시제 100주년 기념판 구레의 역사(吳市制100周年記念版吳の歷史)』가 비교적 받아들일 만한 구성을 보여 주고 있는 데 비하여, 『그림으로 보는 구레의 역사』는 이로부터 취사선택하여 일본의 제국주의를 부끄러운 것으로 간주하지 않는 책이 되었다고 비판하였다.[5]

사실, 전쟁을 재현하는 데 있어서 평화 이미지를 어떻게 만들어 낼 수 있는가라는 문제는 매우 어려운 것이다. 전시 담당자들은 야마토 뮤지엄의 전시 방법에 대한 설명에서 전쟁이나 평화를 명시하지 않고 전쟁의 비참함, 비인간적 측면을 그대로 보여줌으로써 평화를 간접적으로 인식하도록 하였다고 설명하고 있으나, 본 전시의 내용, 야외 전시 등은 매우 군사주의적인 메시지를 줄 뿐 아니라 각종 기념상품들도 지극히 전쟁 옹호적 성격을 가지고 있다.

---

5) 平賀伸一, 「子どもたちに語り繼ぐ吳の歷史繪本について」, 吳市民平和講座 제4회, 2007.3, 53쪽.

박물관 설립의 효과는 경제적 측면 이외에 사회교육의 측면에서 평가될 수 있다. 사회교육의 측면에서 이 박물관이 매우 성공적이라고 보는 오가사와라 전 시장은 일본인들이 이 뮤지엄에 열광하는 이유를, 첫째 야마토를 통해 일본이 야만국에서 문명국으로 전환된 것을 증명하고 나아가 서양보다 더 앞섰다는 것의 상징물이며, 둘째는 이야기의 비극성, 즉 전쟁 때문에 시대를 잘못 만나 '멸'당했다는 줄거리 때문이라고 보았다. 즉, 야마토를 역사적 독해에서는 '찬미'로 읽으나 문학적 독해에서는 찬미가 아닌 비극적 텍스트라는 것이다.

그러나 초기의 구상에서 핵심적 역할을 담당했던 지다 교수는 박물관의 전시가 원래의 구상과는 다르게 진행되었다고 비판한다. 그는 현재의 전시는 기술 중시가 아닌 군함 및 조선산업 중시관이며, 어린이의 상상력이나 영화적 상상력을 강조하고 있으나 이것이 지나치면 기본이 무너질 수 있다고 보았다.[6] 또한 "과거의 해군기술이

---

[6] 그는 1층은 종합적인 해군공창을 보여 주고 2층에서 조선—군함 등을 보여 주고 싶었는데, 현재는 1층이 전부 해군 군함 전시로 되었다고 한다. 지금도 기술 전시는 이루어지고 있으나 보여 주는 방법에서 차이가 있다. 공무원들은 승진 지향적이어서 전시 방법의 개발이나 내용에 대해 숙고하지 않았다. 이에 관한 논문을 여러 편 썼으나 주목하지 않았다는 등 여러 가지 비판을 제기했다. 지다(千田) 교수는 자료 수집을 더 하자고 했으나 시장과

전후 부흥의 원천인데 눈앞의 이익에만 급급하여 이를 소극적으로 전시하고 있다."라고 생각했다. 현재의 전시에 대해서도 "지금까지 모은 것을 보여 주기만 하는 것으로는 부족하고, 특수강철기술 등 계속 새롭게 자료를 수집하여 전시"할 필요가 있으나 이를 추진하기에는 현 스탭의 전문성이 부족하며, 현 시장은 새로운 분야를 개척하는 것에 대해 소극적이라고 비판하였다.

야마토 뮤지엄에 대한 오가사와라 전 시장과 현 시장의 입장의 차이도 있다.[7] 문화 시설을 보는 시각에서 전자는 역사적 접근과 사회교육을 강조한 반면, 현 시장은 시의 재정을 중시하여, 수입 지출의 균형을 강조하고 있다. 양자 모두 자민당계 무소속 후보이나 현 시장은 고이즈미의 재정 효율성 강조 노선을 따르고 있어서 민영화 주장에 동조하여 민간 위탁 경영으로 나아갔다. 뮤지엄 건립의 주도자들은 현 시장이 자신이 만든 시설이 아니므로 애정이 약하다고 비판한다.

공무원들은 관광수입 지향으로 이를 무시했다고 생각하였다.
7) 2010년 당시의 전 시장과 현 시장의 입장 차이이다.

2. 구레 역사에 대한 만화적 재현

: 『이 세상의 한 구석에서』(2008~2009)를 중심으로

야마토 뮤지엄이 2009년 한 해 동안 약 백만 명으로 추정되는 방문객을 구레 시로 불러 모은 것은 구레라는 도시 자체가 몇몇 대중문화 작품들에서 중심적인 위치를 차지하게 되는 결과를 낳았다. 앞에서 〈남자들의 야마토〉라는 영화의 성공에 대해서 언급했지만, 이런 경향은 비단 많은 자본이 투여되는 영화에만 국한되지는 않았다. 여기에서는 또다른 사례를 좀 더 자세히 살펴보고자 한다. 고노 후미요(こうの文代)의 세 권짜리 만화 『이 세상의 한 구석에서(この世界の片隅に)』(2008~2009)이다.

이 만화는 여주인공 스즈(すず)의 삶의 여정과 고난을 쫓아가며, 전시하 일본 구레의 해군기지에서 생활했던 사람들의 모습을 그려낸다. 줄거리가 진행되며 펼쳐지는 전시 동원기의 온갖 인간들의 드라마 속으로 전함 야마토는 마치 경관 속의 일부인 것처럼 조용히, 그러나 장엄하게 스며들어 있다. 만화의 첫 두 권에서는 전쟁 및 적에 대한 어떤 직접적인 언급도 찾아볼 수 없지만, 사람들의 삶은 전시의 제약과 재조직화에 깊이 연관되어 있다. 전쟁의 영향력은 삶의 세부적인 곳곳에서 드러나는데, 예를

들어 스즈의 오빠를 포함한 군인들은 전장에서 유골이 되어 돌아오고, 점차 빈번해지는 공습에 대피소로 피해 다니는 것이 일상생활의 중요한 부분이 된다. 그러나 압도적인 공포와 결핍에도 불구하고, 줄어드는 식량 배급을 순순히 받아들이는 것을 통해 알 수 있듯이, 스즈 가족들은 전시의 제약들에서 굳건히 살아남는다. 즉, 삶의 도처에 퍼져 있는 전쟁은 협력과 순응으로 특징지어지는, 당시 구레의 전반적인 분위기를 부각시키는 역할을 할 뿐이다.

고노의 만화에 등장하는 캐릭터들이 보여 주는 금욕주의적 인내는 지배담론에서 전시 일본인의 독특한 특성으로 간주되었던 것의 복제판이다. 이 전후 담론의 지지자들은 이 특징적인 일본인의 끈질긴 활력을 독특한 "일본 정신"의 근거로 찬양한다.[8] 달리 말하자면 고노 만화 속의 주인공들은 이후 전후 일본의 역사기술지에서 덕목으로 추앙되는 전시의 행동들과 맞물려 있다. 많은 전후의 역사가들이 지적했듯이, 일본정부는 해외에서의 잔학행위에 대해서는 침묵을 강요하는 반면 일본인이 겪은 고통에 기억의 초점을 맞춰 지배 서사를 만들어 내는 검열

---

8) Laura Elizabeth Hein and Mark Selden, *Living With the Bomb: American and Japanese Cultural Conflicts in the Nuclear Age*, M.E. Sharpe, 1997, p.12.

을 행해 왔다.[9]

고노의 만화는 이러한 전후 일본의 전쟁 서사적 계보학을 이어받으며, 전함 야마토와 연결된 구레의 지역 경관을 구체적으로 묘사하고 있다. 가장 인상적인 장면은 구레 항으로 돌아오는 야마토를 포착한 것이다. 갓 결혼한 스즈는 그녀의 남편과 함께 바다가 내려다 보이는 언덕 정상에 앉아 있다. "슈사쿠씨(周作さん), 저게 무엇이죠?" 남편은 소리친다. "야마토… 야마토야! 잘 보아둬. 저게 동양 제일의 군용 공장에서 만들어진 세계 제일의 전함이지. '잘 돌아왔어(お帰り)'라고 말해줘, 스즈씨(すずさん)." 그리곤 남편은 어색하게 스즈에게 키스하려 한다. 전함과 부부의 친밀 관계가 발전하는 장면을 나란히 배치한 것은 분명 매우 어색하다. 이처럼, 있을 법 하지 않은 서사적 연결이 바로 여기에서 다루고자 하는 주제이다.

전함은 전쟁을 상징하고 파괴력을 나타낸다. 그러나 전함 야마토는 그와 같은 기본적인 특징 외에도 다양하고 때로는 예기치 못한 방식들로 기억된다. 앞에서 본 것처럼, 어떤 사람들은 그것을 죽어 간 병사들과 함께 가장 영웅적인 최후를 맞이한 비극적 이야기의 주인공으로 바라

---

9) Laura Elizabeth Hein and Mark Selden, *Living With the Bomb: American and Japanese Cultural Conflicts in the Nuclear Age*, p.12.

〈그림 33〉 언덕 위의 두 사람 장면

본다. 반면에 다른 이들은 그것을 국가적 자존심의 상징
이며 일본 해군 기술에 있어 최고의 성과물로 설명한다.
그런가 하면 일각에서는 일본이 후진성을 극복했다는 최
상의 징표로 평가한다. 이같은 인식은 모두 일본의 전사
(戰史)에서 전함을 군국주의와의 관련 속에서 자리매김해
온 것과는 완전히 동떨어져 있다. 고노 만화의 실패한 키
스 장면은 전함 야마토가 받아들여진 방식 중의 하나를
보여 준다. 전함 야마토는 분명 젊은 커플들에겐 감정적
이고 본능적인 느낌으로 받아들여졌을 것이다. 그 친밀한
경관이 둘 사이의 애정 확인을 이끌어 내듯, 전함 야마토
는 일본인으로 하여금 스스로의 정체성을 인식시키는 대

상이었다. 제3장에서 살펴 본 것처럼 일본의 전함 야마토에 대한 매료는 긴 역사를 지니고 있었다. 그러나, 그것이 구레라는 구체적 장소에서 살아갔던 사람들의 삶에 녹아 들아간 형태로 제시된 것은 역시 야마토 뮤지엄 개관 준비 과정 및 개관 이후라고 할 수 있다.

이제 만화의 세부적이 내용으로 들어가 보자. 만화가 고노 후미요는 원폭 피해 직후의 히로시마를 주제로 한『저녁뜸의 거리, 벚꽃의 나라(夕凪の街桜の国)』의 저자로 더 잘 알려져 있다. 이 작품은 2004년에 문화청 미디어예술제 만화 부문 대상과 데즈카 오사무(手塚治虫) 문화상 등을 수상했으며, 극장판 애니메이션으로도 만들어졌다. 2008~2009년에 발간된 세 권짜리 만화『이 세상의 한 구석에서』는 고노 후미요의 최신작이며, 히로시마 근교의 군항 구레를 주요 무대로 하여 주인공 스즈를 중심으로 전시하 일본인들의 일상을 담담하게 그려 낸다. 이야기는 1943년 12월부터 시작한다. 히로시마 출신인 우라노 스즈(浦野すず)는 구레의 청년 호조 슈사쿠(北條周作)한테 시집을 가게 되고 시댁 식구들과 서로 협조하면서 씩씩하게 새로운 생활을 꾸려 나간다. 그림 그리는 것을 좋아하고 다소 엉뚱하면서도 소박하고 부지런한 스즈, 일본 해군에서 일하는 말수 적은 남편 슈사쿠와 아픈 시어머니, 심술궂은 시

누이 게이코(徑子), 귀여운 조카 하루미(晴美)와 함께 살아 가는 스즈의 일상은 평범하면서도 소박한 기쁨과 잔잔한 유머로 가득 채워져 있다. 음식 배급이 끊기는 등 전쟁의 그림자는 서서히 엄습해 오지만 사람들은 여전히 평온을 유지한다. 고향 히로시마에서는 전쟁희생자들의 합동위령제가 열리지만 스즈의 오빠 요이치(要一)의 유골 단지에 들어 있는 것은 돌멩이뿐이다. 공습을 피해 다니며 죽음이 바로 눈앞에 있는 공포스러운 상황에서도 사람들은 가족들의 생존에 대한 희망을 꿋꿋하게 이어 나간다. 한편 전쟁을 배경으로 스즈와 슈사쿠는 서로의 옛 사랑에 질투를 느끼면서 부부로서의 사랑을 키워 간다.

그러나 이야기는 후반부에 들어서면서 변화를 보이기 시작한다. 전황의 악화로 사람들의 평온했던 일상이 파괴되는 것이다. 슈사쿠가 군사교련 때문에 집을 비우는 3개월 동안 군사도시 구레는 수많은 공습의 피해를 겪게 된다. 해군 병원에 입원해 있는 시아버지를 문안차 다녀오던 스즈와 하루미는 도로에 떨어져 있던 시한폭탄이 폭발하는 바람에 어린 하루미가 희생되고 스즈는 오른손을 잃는다. 돌이킬 수 없는 비극에서 혼자 살아남은 죄책감에 몸부림치면서 스즈는 고향 히로시마로 돌아갈 것을 결심한다. 그러나 그때 히로시마에서는 더 커다란 비극이 일어나고 있었다. 원자폭탄이 떨어지고 전쟁 종료를 알리는 방송을 듣고 분노와 상실감에 울분을 토하며 스즈는 전쟁의 모든 과정에 정의가 존재하지 않았음을 깨닫게 된다.

　전쟁이 끝나면서 패전국 일본은 미군 점령하에 놓이지만 사람들의 생활은 크게 변한 것이 없다. 여전히 배급을 얻기 위해 줄을 서야 하고 또한 모든 사람들이 누군가를 잃고 누군가를 찾고 있다. 그 속에서 스즈와 슈사쿠는 다시 만나 구레로 돌아가게 된다. 만화의 마지막 장면은, 폐허의 도시에서 스즈와 슈사쿠에게 어린 전쟁고아가 다가오고 젊은 부부가 그 아이를 업고 가는 것이다. 전쟁 중 잃은 조카 하루미와 스즈의 오른손은 결코 되돌아올 수 없지만 평온했던 일상생활을 다시 되찾고자 하는 의지와 희망의 메시지를 담고 있는 것이다.

　『이 세상의 한 구석에서』는 일상이라는 테마를 따뜻하고 되돌아가야 할 대상으로 그리고 있고, 흥미롭게도 그 출간 시기는 전함 야마토가 전후의 역사에서 상징적 대상으로 부상한 시기와 맞물린다. 해군기지 마을의 전함에 대한 단순한 이야기를 넘어, 고노의 작품은 시각매체로서 만화가 보여줄 수 있는 고도로 세련된 수준의 표현을 획득하고 있다.

　고노의 텍스트에서 보이는 미학적 차원의 전략은 적

어도 몇 개의 독립된 표현방식을 통합한다. 첫째는 직사각형의 틀과 함께 풍선 꼴 윤곽 안의 대화를 사용하는 가장 흔한 방식이다. 이 친숙한 만화의 내러티브에 덧붙여, 필사체로 보이는 작은 활자체로 부수적인 역사적 사실과 정보를 덧붙이는 주변부를 끼워 넣는다. 이러한 시각적 구조에 의해, 가장 사실적인 정보는 극의 흐름 속에서 각색되거나 영향 받지 않고, 내러티브의 틀에서 벗어나 있게 됨으로써 스토리 라인과 분리된 별개의 목소리를 만들어 내는 것이다.

분화된 목소리들과 극화된 이야기와 사실적 정보가 뒤섞여 있기 때문에 독자들은 끊임없이 내러티브와 감정적인 거리를 늘이고 줄이는 작업을 떠안게 된다. 다시 말해 독자들은 주인공이 시집가서 며느리로서 함께 생활하게 되는 호조 가족이 전시의 어려움을 암묵적으로 승인하고 받아들이는 이야기에 동화되지만, 사실적인 정보들로부터는 거리를 두게 된다.

사실적 정보는 주변의 삽입부에 의한 것 이외에, 칸 속에서도 전달된다. 칸 속의 정보는 독립적이기도 하며 때로는 이미 언급되었던 삽입부와 연결되기도 한다. 마지막 권의 첫 부분은 두 층위의 시각적 내러티브로 시작되는데, 이를 통해 각 페이지는 두 개의 하위 내러티브로 나뉘어진다. 위쪽 절반은 공습 중에 해야 할 일에 대한 실용적 정보를 전달하는 교육적 해설이요, 아래쪽 절반은 구레의 스즈의 이야기가 이어진다. 이렇게 분기된 내러티브는 끝부분에서 새벽이 왔음을 명확히 하는, 야간 통제를 해제하는 사이렌 소리에 의해 통합된다. 스즈는 "끝났어, 끝났어"라는 안도의 말을 내뱉으며 빨래를 널고 집안의 허드렛일을 시작한다.

이제 하나로 통합된 내러티브에서, 이어지는 칸은 난처한 표정으로 하늘을 올려다 보는 스즈의 얼굴 표정을 크게 확대한다. 땅에서 올려다 본 하늘은 잔물결이 이는 물을 닮은 이미지를 잡아낸다. 다음 칸에서 스즈는 이례적인 물결 모양의 구름을 보고 화들짝 놀라 뒤로 물러섰고, 그것을 본 스즈의 시아버지는 비행기가 지나가면서 그 구름의 배열을 만들어낸 것이라고 말해 준다. 칸 옆의 작은 폰트로 쓰여진 사실전달용 삽입구는 그 구름의 배열이 처음 등장한 것은 1931년이었으며, B-29 폭격기에 의한 그 모양은 전쟁 중에도 여전히 희귀한 것이었다고 설명한다.

이어지는 부분에서는 칸 안에서 사실적 정보가 전달되며, 이 부분에서, 드라마와 다큐멘터리를 결합하는 미학적 내레이션의 방법은 더욱 복잡하다(이 경우에 캐릭터들은 칸에서 보이지 않지만 그 속에 끼워져 있다). 전쟁 말기 일본의 강도 높은 군국주의화를 부각시키면서, 첫 페이지들은 구레의 해군 함대를 상세히 설명하는 차트로 해군 조직을 개관하는 해설에 할애되며, 전함 이름과 그것들의 건조 연도 같은 역사적 사실들이 도표로 보충된다. 이 장면에서 어린 스즈는 그녀의 가족들과 함께 칸 속에서 독자들의 여행을 안내한다(독자들은 스즈의 눈을 통해 차트와 해설을 읽는다). 구레 해안선의 히로 해군공창(広海軍工廠)에서 만들어졌을 비행기들에 대한 설명이 전체 페이지를 가득 채우고, 아버지는 히로 해군 공장의 전쟁 선전가를 외워 부르기 시작한다.[10]

이 장면에서 두 가지의 다른 목소리가 출현한다. 그 중 하나는 이중의 동그라미로 표시되는 전지적 작가의 목소리이며, 또 하나는 통상의 대화 말 풍선 속의 아버지의 목소리이다. 첫째, 전지적 작가의 목소리가 "발동기의 굉음(発動機のうなり)" 그리고 "노랫소리(うたごえ)" 등과 같은 단서를 던지면, 뒤를 이어 아버지가 부르는 노래의 3개의 절의 3개의 분리된 말 풍선을 통해 전달된다. 아버지가 부르는 마지막 절 "열심히 일하는 기술 틈으로 비치는 것은 세계 평화의 빛일세(勤しむ技術にこもれるは世

---

10) 보통 줄여서 『히로공창』으로 불리는 이 노래의 정식 제목은 『히로 해군공창』이다.

界平和の光なり)"에 이어, 이중의 동그라미 속의 목소리가 끼어든다. "작은 항구도시에 넘치는 열광(このちいさな浦に満ちるいとなみ)", 아버지의 노래가 "모든 힘과 생각은 하나, 우리는 임무를 완수하리"라는 절로 마무리되자, 전지적 작가의 목소리는 주장한다. "그건 분명 누군가의 꿈이지" 그리고 반복. "누군가의 꿈."

이 장면 바로 뒤에서, 내러티브의 관점은 급작스레 히로 해군공창을 하늘에서 내려다본 조감도로 전환된다. 이어 전기적 작가의 목소리가 공중으로부터의 전경에 울려 퍼진다. "그러나 동시에 누군가의 악몽." 여기서의 내러티브 전략은 영화 촬영에서의 효과를 본 떠온 것으로서 통상의 텍스트 형식의 범주를 벗어난다. 바로 위에서 살펴본 바와 같이, 드라마와 사실적 내레이션이 분리되어 진행되는 가운데 뒤엉키고 융합된 내러티브는 드라마와 다큐멘터리를 뒤섞을 뿐만이 아니라 일상생활과 공식적 이데올로기의 영역 사이를 넘나든다.

만화에서 일상생활의 범위에 공식적 이데올로기를 삽입하는 전략은, 논쟁의 여지가 있는 역사적 차원과 연관된다. 테사 모리스−스즈키가 그녀의 책에서 경고했듯이, 매체에 의한 역사의 구성은, 사람들이 세계사의 구조와 의미에 대해 가지는 무의식적 감각을 잠재적으로 만들어 낼 수

〈그림 34〉 4명의 가족이 하늘을 올려다보는 장면

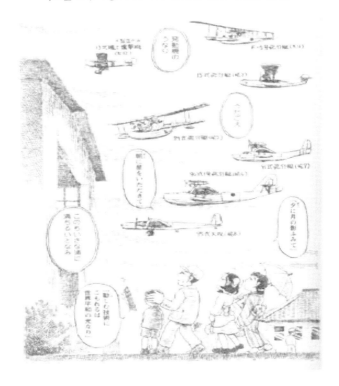

있다.11) 모리스-스즈키가 대중 동원의 이데올로기적 테크닉이라 칭한 것은 기본적으로 알튀세르(Althusser)가 주창한 이데올로기적 국가기구의 작동이다.12)

11) Tessa Morris-Suzuki, *The Past Within Us: Media, Memory, History*, London: Verso, 2005, pp.1~32.
12) Tessa Morris-Suzuki, *The Past Within Us: Media, Memory, History*,

이슈가 되는 것은 일상생활의 영역 내에서 대중 동원의 이데올로기적 테크닉이 작동한다는 사실이다. 최근 몇십 년 동안 일상생활이라는 대상을, 공식적 이데올로기에 반하여 그 잘못과 오류를 보정하고 순화시키는 장소로 되짚어 보고 재조명하려는 시도들이 있었다. 그러나, 고노의 극화 만화는 보상의 공간이 아니라 폭력으로 점철된 일상생활의 역사를 제시한다. 그녀는 해군기지 마을인 구레에서 살아가는 주인공들을 묘사함으로써 역사 속에서 일상생활을 찾아내고 되돌려 오기를 원했지만, 결국에는 기술적 낙관주의, 자신을 돌보지 않는 애국심과 집단적 결의 등의 전시의 이데올로기, 즉 공식적 이데올로기에 활기를 불어넣는 결과를 가져 왔다. 앞서 언급한 장면은 겉으로 보기엔 어떤 악의도 없는 일반 시민의 일상생활 속에 공식적 이데올로기를 극적으로 표현하는 수많은 예들 중의 하나이다. 그 일상생활이란 결국에는 국가 선전과 보조를 맞추어 나아가는 데 이르며, 그로 인해 그 스스로를 파괴했던 폭력을 지지하고 다시 받아들이게 되는 것이다.

표현방식에 있어서 스타일과 형식 면에서의 풍부함

p.168.

은 줄거리 속의 위기의 순간에서 가장 효과적으로 나타난다. 호조 가족에게 가장 비극적 사건은, 해군병원에 있던 할아버지를 방문하고 스즈와 함께 돌아오던 손녀 하루미가 시한폭탄이 폭발해서 사망한 것이다. 그 폭발에서 스즈는 목숨을 건지긴 했지만 하루미의 손을 잡고 있던 오른손을 잃었다.

이야기 속에서 독자들은 스즈가 "조심해!"라고 외치는 칸을 본다. 그리고 이어진 폭발로 인해 의식이 상실된 이후의 세부사항은 독자의 상상에 맡겨진다. 그 뒤를 잇는 것은 과거로의 내러티브 전환이다. 이야기는 스즈의 소녀 시절로 되돌아가, 스즈의 어설픈 손짓에 애정 어린 야단을 치는 할머니와 그 할머니의 지도에 따라 바느질을 연습하는 장면으로 여행한다. 다시 말해, 이야기 전환이라는 방식으로 가장 다루기 어렵고 당혹스러운 세부적 사실이 환각의 시공간 안에서 다루어지는 것이다. 이야기가 폭발 직후로 다시 돌아왔을 때, 충격적인 상세 설명이 칸속에 등장한다. 깨어난 스즈가 자신을 괴롭히는 죄의식과 마주치는 차가운 현실로 돌아왔을 때, 독자들 역시 상실로 인한 고통과 분노를 같이 하게 된다. 이 장면에서 현재와 과거 간의 시간 차이는 색의 농담에 의해 구별되는데, 검은 칸은 현재 순간을 그리고 회색 칸은 환각적인 이야

기 전환을 가리킨다.[13]

〈그림 35〉 공습 장면

---

13) 잉크의 농담에 따른 차별화에 덧붙여, 텍스트에서 환상을 표시
하는 또 다른 기호는 보다 부드러운, 번지는 톤의 크레용 그림을
모사하는 칸들이다.

전쟁이 막바지에 이르렀던 1945년 7월을 묘사한 부분은 극화 만화와는 완전히 동떨어진, 전쟁사에 대한 사실적 언급으로 시작된다. 작은 활자로 된 설명은 다음과 같다. '呉沖海空戰, 7월 24~7월 29일, 구레 항에 정박 중인 전함들을 미군함전기 총 1850기(이 중 B29 및 B24가 약 135기)가 파상공격. 군인 사망자 920명 이상. 민간 화상자 2,689명(그중 사망자 121명)'. 여기서, 만화의 틀은 더욱 작은 크기로 나뉘어 잇달아 일어나는 공격의 전개를 추적한다. 각각의 틀은 정확한 시간과 전투기의 엔진 소리를 표현하기 위한 반복되는 의성어 '위이잉'을 기록한다.

이야기의 줄거리는 스즈가 칸 속으로 돌아와 희미한 목소리로 "아 ─ 아! 오늘도 왔다"라고 말할 때까지 유예된다. 그리고 나서 줄거리의 절정으로 즉 스즈가 겨우 살아남았던 공습으로 치닫는 것이다.

이야기는 야마토의 침몰에 의해 일본의 임박한 항복이 예상되던 전쟁의 마지막 나날에 다다르고, 일본이 무조건 항복을 한다는 소식이 외팔이 스즈에게 전해진다. 뉴스를 듣고 스즈는 벌떡 일어나 항복한 자들에게 항변한다. "나는 아직 싸울 수 있는 왼손과 두 다리가 있어요." 그리고 "정의는 이 나라를 저버렸고 일본은 폭력에 굴복했어요. 이것이 이 나라의 진정한 모습인가요? 나도 따라 죽고 싶어요!"라며 비탄한다. 마치 전쟁에 의해 그들의 삶이 망가졌고, 이제는 그것을 보상받을 어떤 방법도 부정당한 모든 일본 시민들을 대변하듯이 스즈는 애통함과 상처받은 감정을 토해낸 것이다. 불가항력의 패배감과 피로함 그리고 흉물스러운 폐허가 만화의 마지막 칸의 장면 너머까지 길게 드리워진다.

지금까지 우리는 고노 후미요의 만화『이 세상의 한 구석에서』를 통해 구레의 역사가 야마토 뮤지엄의 개관을 계기로 새로운 방식으로 재현되는 양상의 한 측면을 확인했다. 여기에는 야마토에 대한 일상적 친밀함과 그것이 상징하는 용기와 기술적 낙관주의에 대한 옹호, 전쟁 전 일본인의 삶을 파괴했던 폭력에 대한 무의식적 지지의 복귀 등이 복합적으로 결합해 있었다. 이 만화에 재현된 역사 인식은 일본 전체의 보수적 역사해석이 점점 힘을 얻어가던 당대의 시대상과 궤를 같이하는 것이지만, 그것의 지방적 '진지'가 구축되고 작동하는 한 양상을 드러낸다는 점에서 주목할 필요가 있다. 다음 부분에서는 이런 역사 인식에 반대하는 구레 지역 사람들의 움직임을 살펴볼 것이다. 일본 역사 인식의 보수화가 지방의 거점을 갖는다면, 여기에 반대하는 움직임의 지역적 거점도 존재하기 때문이다.

3. 평화운동의 비판과 모색

1) 지역평화운동의 양상

전후 일본에서 평화운동은 혁신계 정당들에 의해 주도되어 왔으나 1980년대부터 그 지형이 많이 변화되었다. 구레 피스링크의 총무로 활동하고 있는 니시오카(西岡)에 따르면, 구레의 평화운동은 공산당계 평화운동조직인 평화위원회, 사회당계 평화운동조직인 평화운동센터, 전국 조직인 피스포럼, 지역 조직인 피스링크 등에 의해 이루어지고 있다. 과거에는 사회당 계열의 조직인 평화운동센터가 비교적 활발하게 활동했으나 지지기반이었던 총평(일본노동조합총평의회)이 1989년에 해체된 이후로는 많이 약화되었다.

구레 지역은 전전 시기부터 산업노동자의 밀집 지역이었다. 구레 공창에 근무하던 노동자의 수만 계산하더라도, 1943년에 구레 인구의 약 5분의 1에 해당하는 8만 4천 명에 달한다. 하지만 이 노동자들의 대다수는 일본의 전시 체제에 협력적이었고, 소수의 노동자들과 강제 동원된 조선인 노동자들만이 소규모 쟁의를 이어나갔을 뿐이다.[14] 하지만 전후에는 일본 전체의 상황과 유사하게, 국철이나 교통국, 시청, 교원 등의 관업(官業)뿐만 아니라 해군시설에 진출한 민간 기업, 점령군 기지에서 일하던 노동자들 역시 노동조합을 결성하여 임금 인상이나 직장의 민주화 등을 요구하는 노동쟁의를 벌이기 시작했다. 또한 지역부인연합회나 문화단체연합회 및 광범위한 시민층에 의해 원수폭금지운동 구레추진연맹을 중심으로 원수폭금지운동과 피폭자 지원운동이 활발하게 전개되었다.[15)

그러나 일본이 고도성장에 돌입하면서 구레의 고질적인 문제였던 실업 문제가 해소되고 지속적인 임금인상이 이루어지면서 구레 지역에서도 조직 노동자들의 운동은 개량화되거나 쇠퇴했다. 특히 고도성장이 끝난 1973년부터는 자본주의의 장기적인 침체와 구레의 대규모 철강, 조선산업에서 하이테크산업으로 산업구조의 재편이 일어나면서 구레의 사회운동은 평화운동 이외에는 활동력이 크게 쇠퇴했다.[16) 하지만 핵무기 탑재가 의심되는 미 군함에 대한 항의운동으로 폭발했던 구레의 평화운동 역시 조직노동자운동의 약화에 따라 점차 쇠퇴하는 양상을 보였다.

한편, 히로시마 만의 전반적인 사회운동과 평화운동은 히로시마의 반핵평화운동을 중심으로 전개되어 왔다. 하지만 역사적으로 히로시마의 반핵평화운동은 이와쿠니와 구레의 기지 문제에 대체로 무관심하거나 히로시마 만의 군사화·기지화 경향에 크게 주목하지 않았다. 히로시마를 비롯한 구레와 이와쿠니 지역에서 주민평화운동을 하는 단체들이 많지만, 이 세 지역을 아우르는 단체는 '피스링크 히로시마·구레·이와쿠니'가 거의 유일하다.

피스링크는 28개 단체로 조직되어 있는 네트웍 조직이다. 이들은 '기지가 없는 평화로운 히로시마 만들기'를 내세우면서 지역간 협력운동을 하고 있는 기지반대운동 네트웍으로, 여기에 참여하고 있는 세 도시에는 각각의 간사가 있다. 구레에서는 구레 교육노동자연구회, '구레 YWCA79여성들로부터', 토마호크의 배치를 허용하지 않는 구레 시민모임, 구레 피스사이클 등 4개 단체가 가입되어 있다. 피스링크는 등록회원이 300명이지만, 활동적 성원은 20~30인이다. 피스링크는 평화운동센터와는 협력적 관계를 유지하고 있지만, 공산당계 평화위원회와는 별달리 협력하지 않고 있다.[17)]

피스링크의 역사[18)]에서 빼놓을 수 없는 인물이 구레의 평화운동을 약 30년간 이끌어온 유아사 이치로이다. 그는 1970년대 후반에 지역 환경 문제에 관심을 가지고 있다가 1982년 나카소네 정권 등장 이후 안보와 기지 문제에 관련된 주민운동을 시작하는 과정을 회고하였다.[19]

구레에서의 시민평화운동은 1984년 미군의 토마호크 미사일 배치에 반대하는 운동으로부터 시작되었다. 당시 주민들은 누구도 이런 군사적 활동과 설비에 대해 모르고 있었는데,[20] 1984년 12월부터 기지감시활동을 시작하고 1985년 2~3월 팀스피리트에 수반된 해상자위대의 활동을

---

17) 공산당 주도의 평화위원회와 피스링크가 별다른 연대가 없는 이유에 대해서, 피스링크의 활동가들은 평화운동가들 사이에서 공산당과 평화위원회를 폭력 집단으로 간주하거나 두려워하는 태도가 있다는 점을 언급하고 있다. 또한 공산당 운동세력들이 과거에 연합·연대운동을 '배신'해 왔던 역사를 거론하고 있다.

18) 피스링크의 역사나 활동에 관해서는 다음과 같은 자료들이 있다. 平岡典道, 「ピースリンク 廣島—吳—岩國の活動に關わつて」, 吳市民平和講座 제1회, 2006.7; 湯淺一郎, 「基地の街-吳に暮らして」, 吳市民平和講座 제2회, 2006.9; 湯淺一郎, 「ピースリンクの18年吳をふりかえる」, 吳市民平和講座 제6회, 2007.6; 久野成章, 「ピースリンクの18年を振り返つて」, 吳市民平和講座 제6회, 2007.6.

19) 湯淺一郎, 「基地の街—吳に暮らして」, 吳市民平和講座 제2회, 2006.9.

20) 2009년에 이르러 1960년대 사토 정권하에서 유사시 군사시설이나 핵무기 사용에 관한 미일(美日) 간의 비밀협정이 있었다는 것이 밝혀졌다.

감시하면서 새로운 사실들을 발견하기 시작하였다. 유아사는 주민평화운동은 다양성을 존중하고 지속성을 가져야 한다는 점을 강조하면서 "피스링크의 활동원칙을 첫째 사실에 기초하여 한발 일찍 문제를 제기하고, 둘째 신중하게 생각하되, 그 의지를 가급적 빨리 행동으로 보일 것"으로 삼았다고 회고하였다.[21] 첫째 원칙은 독자적 감시활동이 왜 중요한가를 보여 주는 것으로 지속적인 감시, 조사, 문서화가 있어야 가능한 것이다. 둘째 원칙은 평화선단, 가두선전, 자치체나 자위대에 대한 의견전달 등 다양한 방식으로 구체화되었다.

유아사는 구레의 평화운동의 전기를 1986년 핵 토마호크를 탑재할 가능성이 큰 세 척의 함선이 사세보와 요코스카, 구레에 동시에 입항한 사건이라고 보았다. 구레에 입항한 메릴 호에 대해 아무런 정보가 없는 상황에서 유아사는 이에 대한 체계적 감시와 조사가 필요하다는 것을 절감했고, 히로시마의 문제를 구레나 이와쿠니와 연결하여 생각하지 않으면 안된다는 생각을 하고, 연대 조직을 만드는 작업에 착수하였다.[22]

---

21) 湯淺一郎, 「基地の街—吳に暮らして」, 吳市民平和講座 제2회, 2006.9, 25쪽.
22) 湯淺一郎, 「ピースリンクの18年吳をふりかえる」, 吳市民平和講座 제6회, 2007.6. 65쪽.

〈그림 36〉 쿠레지방총감부에 항의서를 전달하는 피스링크 활동가들

2009년 2월 4일 촬영.

1987~1988년 기간에 한미 합동 훈련인 팀스피리트(Team Spirit) 훈련에 대항하여 일부의 시민들이 피스 스피리트(Peace Spirit) 행동을 조직하였다. 그들은 히로시마의 상징인 원폭 돔으로부터 반경 20~30km내에 각종 군사시설이 배치되어 있다는 점에 착안하여 1989년 2월, 기지없는 히로시마를 목표로 한 지역 연대 네트웍을 결성하였다. 22개의 지역운동 조직이 연대한 피스링크는 실증성, 기동성, 동시행동, 지역과 세계의 연휴(連携) 등을 모토로 삼았다.

이 무렵 구레의 YWCA도 전쟁 책임이 자신들에게도

있다는 반성에 기초하여 평화운동에 참여하였고, 이 평화운동의 흐름은 1989년 히로시마와 이와쿠니를 잇는 지역연대 조직으로 발전하여 '피스링크'가 되었다. 피스링크의 역사를 언급하고 있는 또 한 사람의 활동가 구노는 1989년의 피스링크의 결성을 과거 사회운동의 주체, 즉 노동조합운동과 사회주의, 좌익이 전세계적으로 와해되는 가운데, 새로운 주체를 모색하는 과정에서 생겨난 산물로 이해하며, 이는 지역의 구체적인 문제로부터 지구적인 시각이나 사상에서 현실을 포착하기 위한 공동의 노력이라고 보았다.[23]

1990년을 전후하여 소련의 해체에 따라 미소(美蘇)간 세계적 냉전이 종결되었으나, 일본에서 미군의 활동은 점차 활발해졌다. 일본정부가 1991년 1월에 발생한 걸프전쟁에 일본 해상자위대의 파견을 검토하자, 이에 반대하는 시민운동이 형성되었다. 소해(掃海) 함대로부터 시작된 자위대의 해외파견, 아프칸 및 이라크전쟁 파병, 아쯔기(厚木)의 항공모함 탑재기의 이와쿠니 이주 등등의 군사 활동이 전개되자, 이 지역의 평화운동가들은 이런 일본의 군사기지 정책이 자치체나 시민의 의향을 무시하고

---

23) 久野成章, 「ピースリンクの18年を振り返つて」, 吳市民平和講座 제6회, 2007.6. 70쪽.

강행되고 있다고 보고 이를 반대하는 평화운동을 전개하였다.[24]

한편, 2004년 미군의 세계적 재편 계획에 따라 이와쿠니 기지의 강화론이 대두하자 피스링크는 최종적 판단은 국가가 아니라 지역주민과 자치체의 몫이라는 것을 내세워 주민 투표를 할 것을 주장하였고, 이런 운동 방향이 관철되어 2006년 주민 투표에서 승리하는 사건을 만들어냈다. 이런 문제의식을 구레에도 적용하여 '자위대와의 공존 공영 노선'이 '자위대의 해외 파병을 용인하는 노선'으로 나아가는 것을 방지하려는 노력을 하고 있다.

지역의 평화운동가들은 구레 시가 구 군항시전환법을 단지 해군용지를 민간 전용으로 한다는 제한된 의미로 해석하는 것에 반대하고, 이 법률의 제1조에 규정된 '평화일본의 실현을 위한 평화산업도시'라는 이념에 충실할 것을 주장한다. 이들은 이 법률의 이념을 1945년부터 1950년까지의 5년간에 전시된 전쟁 참상에서 교훈을 얻을 것과 연결시켜 해석하며, 현재의 구레의 모습이 이런 군전법의 이념과 모순적이라는 인식을 갖고 있다. 이들은 야마토 뮤지엄에 대한 비판의 기본 시각을 여기에서 구해야 한다

---

24) 平岡典道,「ピースリンクの活動に關する」, 吳市民平和講座 제1회, 2006.7.

고 본다.[25]

　　물론, 지역의 평화운동가들 내부에도 미묘한 차이와 이견은 존재한다. 사민당 출신의 시의원과 함께 지역의 평화를 강조하는 시의원이 바로 공산당 출신의 오쿠다 의원이다.[26] 그는 1990년 7월 19일 '비핵의 구레 항을 추구하는 회'를 만들어 활동하였고, 같은 해에 시의회에 진출했는데, 그때부터 평화도시 히로시마의 문제를 구레와의 관계 속에서 생각해 왔다고 밝혔다. 그는 히로시마와 구레 간의 연대는 이루어지고 있지만 일회적이라고 평가하였다. 그는 야마토 박물관과 야스쿠니의 전쟁기념관인 유취관과의 차이를 강조하면서, 유취관은 정면에서 전쟁을 찬미하는 입장이지만 야마토 박물관은 간접적으로 찬미한다고 보았다. 그는 야마토 박물관이 관광산업화되어 있다는 점에서 비판적이었다.[27] 하지만 전쟁기념과 관련한 활동에 대해서는 별로 의미를 두지 않고 있는데, 이는 그의 "전재는 과거의 일이며, 현재는 새로운 전쟁이 벌어지

25) 湯淺一郎, 「ピースリンクの18年吳をふりかえる」, 吳市民平和講座 제6회, 2007.6. 69쪽.
26) 그와의 인터뷰는 2009년 8월 1일에 이루어졌다.
27) 그는 1995년 평화운동가들이 야마토 뮤지엄 구상에 대항하여 구상한 전재기획전에 대해서는 제안받은 바가 없었다고 하는데, 이는 이를 주도한 평화운동가들과 공산당간의 거리를 드러내는 것이다.

고 있는 만큼 눈앞의 기지를 봐야 한다"는 언급에서 잘 드러난다.

2) 피스링크의 야마토 박물관 비판

전쟁과 평화를 둘러싼 기억의 정치는 매우 미묘하고 복잡하게 얽혀 있어서 평화를 보여 주는 것은 의도한 것보다 훨씬 어려운 작업이다. 여기에는 몇 가지 이유가 있다. 첫째, 남아 있는 기록, 특히 전쟁과 관련한 사진이나 영상들은 승리자의 기록인 경우가 많다. 이들은 '평화'보다는 '승리'를 기록하고 있으며, 힘의 위대함과 영광을 찬미하는 경우가 많다. 둘째, 전쟁 관련 자료는 테크놀로지의 중요성을 보여 주는 경향이 있고, 이 또한 평화를 위한 기술보다는 승리를 위한 기술에 치우치기 때문에 여기에서 평화를 끌어내기가 쉽지 않다. 셋째, 평화는 많은 경우 직접적 가시성보다는 해석과 성찰의 결과이며, 아주 드물게 전쟁의 참상과 비극을 보여 주는 것이 있다 하더라도 매우 적다. 이 때문에 평화를 보여 주는 자료나 기록들은 많은 경우 생존자의 사후적인 증언을 통해서 드러난다. 그러나 이 증언은 직접 비극적인 모습을 드러내주지는 않는다. 넷째, 평화의 필요성을 가장 잘 드러내고 보여줄 수 있는 사람들은 전쟁에서 죽은 사람들인데, 그들은 이미

이를 보여줄 수 있는 기회를 상실하었디. 이 때문에 살아남은 자들의 활동을 통해 죽은자들의 의지를 재구성하여 기념물로 남기는 작업은 지나간 전쟁의 의미와 앞으로 다가올 전쟁이나 평화의 문제와 관련하여 매우 중요한 의미를 지니게 된다.

이런 의미에서 군대나 기계, 기술 중심의 역사 서술이 아니라 죽은 이들의 상황을 보여 주고, 남은 이들을 말하게 하는 전재(戰災) 중심의 기획전은 중요한 의미를 지니고 있다. 야마토 박물관 추진 그룹이 주로 과거 전쟁의 기억을 야마토 전함에 배치되었다가 살아남은 병사들의 회고에 의존하고 있다면, 이에 맞서는 주민평화운동 그룹은 주로 공습에서 살아남은 주민의 참혹했던 피해의 회고에 의존하고 있다고 볼 수 있다.

우리는 1995년 시도된 전재기획전시회에서 전쟁 경험에 대한 성찰의 진전을 발견할 수 있다. 해사박물관 구상의 맥락에서 1995년 제1회 심포지엄이 이루어졌을 때, 이에 대응하려는 평화운동 진영의 구상이 '전재 기념관' 건립안이었다. 4장에서 설명한 바 있는 이 대안은 구레에서 전쟁 기억을 평화와 연결시켜 상기하려는 노력의 하나로, 지역의 평화운동 단체들은 구레전재전실행위원회를 구성하여 이 문제에 조직적으로 대응했다. 구레가 공습 피해가 큰 5번째 도시라는 점을 강조하면서 이를 중심 주제로 하여 교원 단체에서 민간 전시회를 열기도 했고,[28] 리쓰메이칸대학의 평화센터와 오사카 인권기념관을 모델로 하여 시에 전재박물관 설립을 요구하기도 했다. 전재 프로젝트를 추진한 사람들은 전재와 희생을 강조하고, 특히 소이탄에 의한 피해를 강조한다. 1995년은 자민당과 사회당이 연립 내각을 구성하고, 무라야마가 총리에 재임하고 있던 시기이므로, 사회당이나 공산당 관계자가 피스링크 성원들과 함께 참여하였다. 구레 시가 해사박물관을 만든다면 '전재'를 주요 내용으로 하라는 의미에서 전시회를 개최하기도 했다.

그러나 이들의 요구는 4장에서 설명했던 여러 이유 때문에 실현되지 않았다. 기획 내부에서도 전쟁 가해의 문제는 일본 '국가'라는 차원에서만 다루어지고 있고, 죽은 이들(일부 중국인 포함)과 남은 이들도 일본인으로 제한되어 있다는 한계점이 보인다. 즉, 국가/군대라는 가해자와 국민이라는 피해자와의 대립 구도가 명확한 것이다. 이러한 구도에서는 전전과 전후에 걸쳐 군사도시·기지도시와의 공존공영을 선택해 온 '구레 시민' 스스로에 대한

---

28) 이와 관련된 내용은 吳市, 『吳―戰災と復興: 旧 軍港市 轉換法から平和産業港灣都市へ』, 1997.

성찰에 대한 문제의식이 약화될 수 있다는 어려움이 존재하고 있다.

1990년대 전반기까지 이 지역 평화운동이 보였던 이러한 한계는 1990년대 후반을 경과하면서 서서히 변화하기 시작한다. 이와 같은 변화의 배경에는 구 사회운동의 쇠퇴와 조직 노동운동의 붕괴, 일본사회 전반의 우경화와 해외 군사 활동 확대에 대한 시민 사회의 위기감과 성찰, '일본군 위안부'들의 증언이 가져 온 충격 등 복합적인 요인이 놓여 있다. 우리는 특히 지역적인 차원에서, 히로시마 중심의 반핵운동이 보였던 한계에 대한 인식과 성찰이 중요했다고 보며, 여기에는 피스링크의 역할이 핵심적이었다고 본다. 피스링크의 유아사 대표는 현재 히로시마의 평화운동에 대해 매우 비판적인 입장을 가지고 있다. 그것이 정례화된 운동의 틀에 묶여 있고, 다분히 '아직도 사회운동을 계속 하고 있다'는 일종의 존재 증명을 위한 수단으로 전락했기 때문이다.[29] 따라서 피스링크는 지역의 구체적 현실에 기반한 운동을 전개하면서도 지역의 경계를 초월하여 교류와 연대를 확대하려는 방향으로 운동을

---

29) 2009년 2월 8일, 피스링크 소속 유아사와의 대화. 미군과 자위대가 주도하는 이와쿠니 기지개방 행사에 매년 20만 명이 방문하는데, 이 중 약 50%가 히로시마 시민이라고 말했다.

전개하고 있다.

구레에서 전개된 해상자위대의 해외 파병 문제와 더불어 야마토 뮤지엄은 피스링크의 주요한 비판 대상이 되어 왔다. 야마토 박물관에 대한 피스링크의 공식입장은 2005년 5월 11일 구레 시장에게 보내는 '요청서'에 잘 나타나 있다. 이들은 "전쟁에 대한 반성이 없이 군사적 색채가 강한 '구레 시 해사역사과학박물관'의 전시 내용이나 설치 목적을 재고"하라는 것이었다. 그 주요 비판 내용은 전시품이 대량 살인을 위한 장비들이라는 점, 건설 재원을 방위청이나 방위시설청에 의존하고 있다는 점, 전시 내용이 국제사회에 나쁜 인상을 줄 수 있다는 점, 적자 가능성이 크다는 점 등이었다.

이후 피스링크는 2006년 7월 1일부터 1년간 구레 YWCA에서 총 6회의 시민평화 강좌를 열었다. 이 강좌는 전후 60년의 시점에서 미군 재편과 함께 일본의 헌법 9조에 대한 개정 논의가 이루어지는 상황에서 이에 반대하는 모임이 필요하다는 생각에서 기획된 것이다. 특히 이와쿠니에서 이뤄진 주민투표의 경험을 보면서, "시민들이 생각을 공유하고 의사 표시를 할 때, 정치가 이를 무시할 수 없는 시대가 되었다"는 인식에 기초하고 있다. 이들은 지역의 문제를 세계적 관점에서 바라보고, 주민들이 문제의식을 공유하는 것이 필요하며, 이를 위해서는 문제의 소재를 명확하게 하고 확신을 가진 시민이 한 명이라도 더 필요하다고 생각한다. 시민 강좌 안내문의 첫머리에는 구레를 가리켜, "1889년 구레 진수부로 시작한 이래 해군의 도시, 침략전쟁의 거점, ('해외 파견'이 아니라) 해외 파병의 도시로 역사에 각인되었다"라고 규정하였다. 현재에도 구레는 미군의 후방 지원을 담당하는 해외 파병의 거점도시로 기능하고 있으나, 동시에 "대공습을 경험하고, 전쟁 직후인 1950년, 구 해군시설을 평화산업으로 전환하는 구 군항시 전환법을 주민 투표로 성립시킨 도시"라는 점을 상기하고, 시민의 힘으로 평화를 역사에 각인시키자는 제안을 하고 있다.

이 평화 강좌는 유명 인사의 초청 강연 형식보다는 지역내 활동가와 주민들 간의 학습 강좌 형식으로 진행된 것으로, 주로 구레의 기지를 둘러싼 지역사를 분석하고 토론하는 모임이었다. 따라서 강좌의 주제도 지역에서의 전쟁 체험과 피폭 체험의 계승, '나와 평화운동', 헌법 9조를 지키는 문제 등의 의제를 중심으로 구성되었다. 제1회는 헌법 9조의 위기에서 구레 공습—무차별 폭격의 실태, 2회는 히로시마—구레—이와쿠니의 기지군, 제3회는 야마토 박물관, 제4회는 구레의 근현대사 100년, 제5회는 유사법 체제의 국민보호 계획의 문제점, 제6회는 '히로시마에서 보는 파병 국가의 길' 등이었다. 이 6회의 강좌는 구레 지역 평화운동가들의 생각이나 활동을 잘 보여 주는 사례이다. 특히 제3회의 야마토 박물관에 관한 토론은 구레에서 이 박물관을 바라보는 대안적 시각을 보여 주는 중요한 사례이다. 요컨대, 피스링크가 주도한 이 평화 강좌는 1995년부터 2004년까지 진행되었던 야마토 심포지엄에 대항하는 시민 사회의 공론형성 시도였다고 평가할 수 있다.

　야마토 박물관에 관한 시민평화 강좌에서도 '야마토를 말하는 모임'처럼, 태평양전쟁에 참여한 경력이 있는 인물들의 회고담이 이야기되었다. 1943년 가고시마 항공대에 입대한 마쓰토(松藤秀利)는 1945년 특공대에 편입되어 활동하다가 패전을 맞았는데, 이후 생명의 의미를 구하기 위하여 기독교에 입문하여 사목 활동을 하였다. 그는 야마토 뮤지엄을 "야마토 찬가로 시종[일관]한 것"이라고 규정했다.[30]

　야마토 박물관의 시민 생활에 대한 효과에 관하여 피스링크는 좋은 효과가 없다고 인식한다. 관람객들이 박물

---

30) 松藤秀利, 「大和ミュージアムについて」, 吳市民平和講座 제3회, 2006.12, 42쪽.

관만 보고 가므로, 경제 효과가 적다는 것이다. 이런 견해는 오가사와라 전 시장의 견해와 다른 것이다. 유아사 이치로는 야마토 박물관은 "과학기술의 전쟁 체제로의 전체적 동원을 문제 삼지 않고 그것을 건조한 개별 기술을 과시하는 전시에 그치고 있다"라고 비판하고, "일본근대의 형성 과정에서 과학기술이 어떻게 전쟁 동원과 관계를 맺고 있었는가를 드러내는 전시가 필요하다"라고 보았다.[31] 피스링크의 활동가인 니시오카 씨는 유취관과 야마토 박물관이 서로 다른 지향을 가지고 있다고 생각하는 사람들도 있겠지만, 자신은 똑같은 것으로 본다는 의견을 피력하였다.

정치 세력들 가운데서, 구레 시의회에서 소수를 점하고 있는 사민당과 공산당 소속 의원들은 야마토 뮤지엄이나 구레의 군사화·기지화에 비판적인 입장을 밝혀 왔다. 사민당의 오노 요시코는 구레 시의회에서 야마토 뮤지엄 설립을 찬성하는 측이나 반대하는 측 모두 '군전법', '평화 산업 항만도시', '자위대와의 공존공생'이라는 세 개의 핵심어를 둘러싸고 논쟁을 전개하였다고 말했다.[32] 사민당

---

31) 湯淺一郎, 「大和ミュージアムから考える」, 軍縮地球市民, 4, 2006.
32) 大野よし子, 「海事歷史科學館と平和」, 吳市民平和講座 제3회, 2006.12, 27쪽.

이나 공산당 출신 의원들은 야마토 박물관이 과연 군전법의 정신에 충실한 것인가를 시장에게 질의하기도 했다. 이들은 군전법이 헌법에 의한 항구 평화의 이념을 지역 차원에서 구체화한 것으로 해석하였다.

나카무로(中寶 茂)라는 중학교 사회과 교원은 제3회 구레 시민평화 강좌에서 매우 흥미로운 지역사회의 움직임을 논의하고 있다.[33] 그는 피스링크에 참여한 일교조 소속의 히로시마 지부, 즉 히로시마교조 소속으로, '나라와 향토를 사랑하는' 마음을 기르기 위한 구레의 사회 교육에서 구레는 '대구레 시' 정체성과 '신구레 시' 정체성이 혼재되어 있다고 보았다. 대구레 시 정체성은 세계 제일의 야마토 전함을 만든 군항이라는 자부심을 기초로 하고 있고, 신구레 시 정체성은 '군전법에 기초한 평화산업도시'라는 점에 기초하고 있다. 그는 이런 정체성이 1928년에 제정된 구레 시가와 1952년에 제정된 구레 시가에 어떻게 반영되어 있는가를 설명하였다.

아울러 그는 2006년 여름의 아사히 신문 기사들을 언급하면서, 일본의 사회 저변에 흐르고 있는 분위기를 비판하였다. 첫째, 그는 '철의 고래'(잠수함)를 야마토 박물

---

33) 中寶 茂,「大和ミュージアムをめぐる動きと'學校' '教育'」, 吳市民平和講座 제3회, 2006.12.

관 뜰에 전시하기 위하여 이송하는 기사에서, 이 잠수함의 전시는 방위청의 협조에 의해 가능한 것이었다는 점에서 박물관의 본성이 드러났다고 생각했다. 둘째, '피폭 피아노 평화를 울리다─구레 야마토 박물관'이라는 기사가 있는데, 이는 야마토 박물관에서 피폭 피아노로 연주회를 연다는 것으로, 그는 피폭 피아노를 사용하면 평화가 이루어지는가를 물었다. 셋째, 해군묘지에서 합동추도식이 열린다는 기사로 그는 '평화는 무기로 지킨다는 사상'을 문제 삼았다. 그는 2005년 9월에 야마토 박물관 관장 도다카나 전 방위청장관 히라마(平間洋一)가 언론에서 행한 좌담회 내용이나 학생들의 평화학습 교육을 위해 이 박물관으로의 수학여행을 장려하고 있는 점에 대해 비판적이었다.

그렇다면 히로시마의 평화운동가들은 야마토 박물관을 어떻게 평가하는가? 예컨대, 히로시마 시립대 히로시마평화연구소의 아사히 모토후미 소장은 야마토 박물관에 대해, 전쟁 반대의 사상이 약하기 때문에, 2004년부터 야마토 뮤지엄 계획에 반대하는 칼럼을 썼다.[34] 그렇지

---

34) 2009년 2월 3일 히로시마평화연구소에서의 대화. 히로시마 시립대 평화연구소는 히로시마에서 종합적인 평화연구의 유일한 기구이다. 아사히 소장은 외무성 중국과장을 역임하였다. 그러나

만, 일반 시민은 이에 대한 관심이 별로 없고 따라서 반대도 별로 없다고 평가했다.[35]

그에 따르면, 히로시마 평화운동가들은 야마토 박물관을 답사하지 않으며, 히로시마 시가 원폭 박물관과 야마토 뮤지엄을 세트로 만들려는 계획을 2008년 초에 수립했으나 이에 대한 반대가 커서 이루어지지 않았다고 한다. 여기에는 여러 이유가 있지만, 히로시마의 시민 사회와 피폭자운동, 반핵평화운동 전반이 이와쿠니와 구레의 기지 문제에 무관심하다는 점이 주요하게 작용했다. 아사히 소장은 이것을 "반핵은 반핵, 반기지는 반기지"라는 구별의 정서가 히로시마 반핵운동 내에 깊게 각인되어 있다는 말로 설명했다.

우리는 이 말을 두 가지 의미로 이해할 수 있다. 첫 번째는 히로시마의 반핵운동이 반기지의 이슈를 의도적으로 폄하하기보다는, 반핵의 의제를 자신들의 절대적이

이 연구소의 교수들 모두 같은 정치적 입장을 가지고 있는 것은 아니다.

35) 히로시마 평화운동의 기반은 피폭 경험이지만, 조직적으로 분열되어 있고, 현재진행형인 기지 문제에 관해서는 관심이 적다. 원폭 피해자단체협의회는 동일한 명칭을 사용하면서도 공산당계와 사회당계로 분열되어 있다. 히로시마에는 반기지운동이 없는 반면, 이와쿠니 기지반대운동에는 반자민당 민주당 지지자도 참여한다.

며 유일한 존재 이유로 삼아 온 히로시마의 피폭자운동과 반핵운동의 일반적인 정서로부터 위와 같은 구분이 알게 모르게 정당화되고 있다는 점이다. 두 번째로는 1960~1970년대에 반핵운동 내부에서 반핵운동의 안보 체제에 대한 비판과 사회주의권 국가들의 핵실험에 대한 판단을 둘러싸고 벌어졌던 논쟁과 분열의 여파가 히로시마의 피폭자운동과 반핵운동에 깊은 상처를 남겼으며, 1980년대에 이르자 주류 반핵운동 단체들은 국민적 운동으로 발전시켜야 할 반핵운동과 계급적·정치적 성격을 띤 (안보 체제 비판을 포함하는) 반기지운동을 보다 명확하게 구분하게 되었다는 점이다. 반핵운동의 분열과 논쟁에 관한 문제는 세심한 평가를 필요로 하는 부분이지만, 우리는 반핵과 반기지 의제를 구분하는 구도가 결과적으로 평화운동의 역량을 분산시켰을 뿐만 아니라 히로시마의 평화가 주변의 군사기지에 포위된 오늘의 정세를 만드는데 일조한 부분이 있거나 최소한 무능력했다고 평가한다. 그것은 또한 히로시마 만의 여러 지역에서 전개되어 온, 전쟁의 기억과 재현을 둘러싼 정치에서 야마토 담론이 우위를 차지하고 일본 보수화의 지역적 근거가 강화되는 데 일조했다고 평가할 수 있다.

제6장
맺음말

● 피스링크의 경우, 이런 지형 속에서 일
● 본 평화운동의 '뒤틀림'을 극복하려는
지향을 갖고 있다. 그들은 피폭과 전재
에 이르게 된 일본의 침략전쟁과 오늘
날 기지에 포위된 히로시마의 평화 사
이의 관계에 주목하며 동시에 히로시마
의 평화를 이와쿠니와 구레의 군사화·
기지화 속에서 재평가하고 있다. 하지
만 이런 피스링크의 활동은 여전히 잰
걸음으로 진행 중이다.

맺음말

지금까지 우리는 일본의 평화도시 히로시마와 그것을 포위하고 있는 군사기지, 그리고 군사기지와 전쟁 기억의 재현을 둘러싼 정치를 동시적으로 사고해 왔다. 이를 통해 전후 일본의 국가 체제를 성립시킨, 서로 배타적으로 보이는 세 개의 원리,[1] 즉, '평화헌법' 9조의 규범력, 미일안보동맹의 힘, 대일본제국의 계승 원리가 어떻게 서로 얽히게 되어 모순된 양상을 만들어 내는지를 살펴보았다. 히로시마의 경우, 헌법 9조의 규범력이 압도하는 것으로 간주되었다. 전후 히로시마의 '노 모어(no more) 히로

[1] 久野成章, 「ピースリンクの18年を振り返つて」, 吳市民平和講座 제6회, 2007.6, 72쪽.

시마, 나가사키', '노 모어 피폭자'라는 호소도 전쟁 체험에 기초한다. '군도(軍都)' 히로시마로 돌아가서는 안 된다는 것이 일본 평화운동의 기반이었다. 이를 통해 대일본제국의 유산은 어느 정도 단절될 수 있었다. 이에 반하여 미일 동맹의 힘은 구레를 평화도시로 만들지 못한 핵심적인 힘이었다. 구레가 전후 평화도시로서의 전환을 모색할 때 그것을 좌절시킨 것은 바로 이 힘이었다. 그런데, 헌법 9조의 규범력 혹은 '노 모어 히로시마'라는 호소는 구레에는 적용되지 못했거나 적용할 생각을 감히 하지 않았다. '대일본제국 계승 원리'는 패전 이전의 일본을 영광으로 생각하는 많은 사람들이 '일본의 역대 보수 정권의 끈질긴 지속성'을 만들어 내고 '야스쿠니 신사참배'를 지지하도록 하는 힘이었다. 이것은 일본의 기층 사회에서 전전의 뿌리가 완전히 단절된 것이 아니라는 것을 보여 준다. 그리고 이 힘은 평화도시 히로시마의 평화기념공원에도 그늘을 드리우고 있었다. 또, 장기적으로 보면 히로시마의 평화기념공원, 즉 헌법 9조의 규범력은 구레의 야마토 뮤지엄, 즉, 대일본제국 계승 원리에 의해 제한되고 포위되어 왔다. 이 세 개의 원리 사이의 모순된 관계를 우리는 '비틀림'이라고 불렀다.

이 '비틀림'을 이해하는 것이 왜 중요한가? 이 책에서 드러나지 않은 새로운 '비틀림'과 대면하기 위해서이다. 전후 일본의 보수지배체제는 미일동맹을 바탕으로 하여 대일본제국의 유산을 부분적으로 계승하면서 동시에 부분적으로는 거리를 두어 왔다. 그것은 일본의 보수세력이 전쟁의 방기와 군대의 보유를 금지하는 평화헌법의 조문을 그대로 두면서도 그 해석을 변경하여 미군의 주둔과 자위대의 확대를 추진해 온 것에서 단적으로 드러난다. 그러나 상황은 변화하고 있다.

우리는 이 책에서 '대일본제국 계승 원리'가 '미일동맹의 힘'에 도전하는 양상을 제시하지 못했다. 그러한 사례가 없었기 때문이다. 그러나 최근 일본 사회의 '우경화'는 이런 도전을 시도하는 세력들의 기반이 넓어지고 있다는 것을 보여 준다. 바로 이 점 때문에 현재 일본 사회의 움직임은 '보수화'가 아닌 '우경화'라고 이야기할 수 있을지도 모른다. 일본의 소위 '수정주의적 역사 인식'의 주창자 중에서는 이미 미국을 상대로 한 도전을 선언한 사람들이 존재한다. 이런 일본의 '우경화'는 한일 양국 관계에 이미 파국적인 영향을 미치고 있다. 이 상황에서 우리는 무엇을 할 수 있을 것인가?

이 상황에 대해 우리는 일종의 '외압'에 관심을 갖는 경향이 있다. 즉, 일본의 '수정주의적 역사 인식'에 대해 일본과 전쟁을 수행한 미국이 '경고'하거나 '주의'를 주는 발언을 하면 언론에서 대서특필하거나 혹은 일본과의 관계에서 우리나라를 중국과 비슷한 입장에 놓는 것이다.

우리 사회 내부의 반응은 훨씬 단순하다. 특히 우리 사회는 일본을 내부 균열이 없는 단일한 실체로 쉽게 가정하여 이 문제에 대응한다. 한국 측의 주장에 대한 동조 여부를 통해 쉽게 '아군'과 '적군'으로 갈라 버림으로써, '수정주의적 역사 인식'에 반대하는 일본 내부 세력들의 존재를 시야에 넣지 못하고, 이들이 일본 내에서 처해 있는 복잡한 위치를 무시하게 된다. 이러한 대응 때문에 일본 내부의 반대 세력들이 결과적으로 일본에서 발언권을 잃게 될 가능성에 대해서 무감각하다.

외압에 기반한 대응은 일시적으로 효과는 있을지 모르지만, 결국은 일본 내의 반발을 초래하여 '극우파'들의 입지를 더욱 강화시킬 우려가 있다. 따라서 궁극적으로는 일본 사회에 특정한 입장을 '외압'으로 강제하는 것이 아니라 일본 사회가 '내적'으로 스스로 해답을 찾아갈 수 있도록 해야 한다. 우리가 궁극적으로 고민해야 할 지점은 이 과정에서 우리가 누구와 연대해야 하는지를 성찰하는 것이다. 또한 우리가 어떻게 행동하고 발언하는 것이 그들에게 도움이 되는지를 숙고하는 것이다. 바로 이것을 위해 우리는 일본평화운동 세력이 처해 있는 '비틀림'을 이해해야 한다고 본다.

또한, 현재 일본의 우경화나 군국주의적 경향의 강화에 대해 한국과 다른 나라의 정부, 시민 단체들의 대응 그리고 연구의 움직임들은 주로 일국적(national) 수준에서 문제를 바라보고 있으며, 주로 정치인들의 언행이나 자위대의 움직임만을 강조하고 있다. 하지만 이러한 단순한 구도 속에서는, 일본 외부에서 당연시되는 비판들이 왜 일본 내에서는 지지를 획득할 수 없는가의 문제를 해명할 수 없다. 이것을 이해하기 위해서는 '우경화' 움직임들의 지방적(local) 혹은 '풀뿌리' 차원에서의 기반에 대해서 잘 알아야 한다.

우리가 여기에서 소개한 피스링크의 경우, 이런 지형 속에서 일본 평화운동의 '뒤틀림'을 극복하려는 지향을 갖고 있다. 그들은 피폭과 전재에 이르게 된 일본의 침략전쟁과 오늘날 기지에 포위된 히로시마의 평화 사이의 관계에 주목하며 동시에 히로시마의 평화를 이와쿠니와 구레의 군사화·기지화 속에서 재평가하고 있다. 하지만 이런 피스링크의 활동은 여전히 잰걸음으로 진행 중이다. 지속적인 활동에도 불구하고 실제의 성과는 크게 두드러져 보이지 않는다. 그들의 성과가 두드러지지 않는 이유는 바로 '우경화'의 지방적 '진지'가 강하기 때문인 것이다.

결국 이 책은 왜 우리가 이들을 지지해야 하며, 그들과 연대해야 하는지를 밝히고 있는 셈이다. 피스링크를 포함한 일본의 풀뿌리 평화주의 혹은 '생활평화주의'는 한국이나 동아시아 시민 사회와의 연대를 통해 새로운 자극을 받아야만 소생할 수 있는지도 모른다. 한국의 시민 사회는 일본의 '우경화'를 비판하면서 그러한 비판이 일본의 풀뿌리 평화주의 세력에게 미칠 영향을 세심하게 고려할 필요가 있으며, 그들을 격려하고 지지할 수 있는 새로운 방식을 개발해야 한다. 그것이야말로 절대화와 유일화 전략을 통해 군사도시·기지도시에 포위된 채 '점'으로만 존재하는 히로시마의 평화가 보다 입체적이며 확장적인 평화로 전환되는 데 한국의 시민사회가 기여할 수 있는 부분일 것이다.

참고문헌

권혁태, 「히로시마/나가사키의 기억과 '유일 피폭국의 언설」, 『일본비평』 1, 서울대 일본연구소/그린비, 2009a.

권혁태, 「기억 공간의 재구축: 히로시마 평화공원, 개발과 평화이념 사이에서」, 오성훈·성은영 편, 『공간정책의 인문학적 기초 조성을 위한 연구(II)』, 건축도시공간연구소, 2009b.

권혁태, 『일본의 불안을 읽는다: 일본 트라우마의 비밀을 푸는 사회심리 코드』, 교양인, 2010.

김민환, 「오키나와평화기념공원 형성의 다른 경로」, 이지원 외, 『오키나와로 가는 길』, 소화, 2014.

노마 필드, 박이엽 역, 『죽어가는 천황의 나라에서』, 창작과비평사, 1995.

박정진, 「〈원수폭금지운동〉과 일조인민연대」, 남기정 편, 『전후 일본의 생활평화주의』, 박문사, 2014.

오은정, 「한국 원폭 피해자의 일본 히바쿠샤(被爆者)되기: 피폭자 범주의 경계 설정과 통제에서 과학·정치·관료제의 상호작용」, 서울대학교 인류학과 박사학위논문, 2013.

이안 브루마, 정용환 역, 『아우슈비츠와 히로시마』, 한겨레신문사, 2002.

이은경, 「〈일본모친대회〉, 각성하는 '모성'과 평화」, 남기정 편, 『전후 일본의 생활평화주의』, 박문사, 2014.

한정선, 「전후 일본의 기념비적 기억—만화영화 〈우주전함 야마토〉와 1970년대 전후세대」, 『사회와 역사』 83, 2009.

Laura Elizabeth Hein and Mark Selden, *Living With the Bomb: American and Japanese Cultural Conflicts in the Nuclear Age,* M. E. Sharpe, 1997.

Laura Elizabeth Hein and Mark Selden, *Censoring History: Citizenship and Memory in Japan, Germany, and the United States,* M. E. Sharpe, 2000.

Tessa Morris-Suzuki, *The Past Within Us: Media, Memory, History,* Verso, 2005.

Susan J. Napier, *Anime from Akira to Princess Mononoke: Experiencing Contemporary Japanese Animation,* Palgrave, 2000.

Lisa Yoneyama, *Hiroshima Traces : Time, Space, and the Dialectics of Memory,* University of California Press, 1999.

広島市, 『広島新史(歴史編)』, 広島市, 1984.

広島県・広島市, 「ひろしま復興・平和構r築研究事業 報告書, 広島の復興経験を生かすために—廃墟からの再生—」, 広島県・広島市(国際平和拠点ひろしま構:想推進連携事業実行委員会), 2014.

藤井純子, 「"わたしにとってのピースリンク."」, 『ピースリンク叢書 No.14 呉市民平和講座』, ピースリンク広島・呉・岩国, 2008.

小笠原臣也, 『戦艦 '大和'の博物館—大和ミュージアム誕生の全記録』, 東京: 芙蓉書房出版, 2007.

岩国市, 『基地と岩国』, 岩国市, 2004.

呉市, 『呉市史 四』, 呉市, 1976.

呉市, 『呉市史 五』, 呉市, 1987.

呉市史編纂委員会, 『呉市制100周年記念版 呉の歴史』, 呉市役所, 2002.

呉市海事歴史科学館, 『大和ミュージアム 常設展示トウロク図録』, 2005.

呉戦災展実行委員会編, 『呉の戦災 －あれから半世紀 くりかえすなー』, 呉戦災を記録する会, 1995.

一ノ瀬俊也, 「戦後地域社會における戦死者'追悼'の論理」, 『季刊 戦争責任研究』第37号, 日本の戦争責任資料センター: 東京, 2002.

湯浅一郎, 「"ピースリンクの18年をふりかえる~ヒロシマに見る派兵国家への道."」, 『ピースリンク叢書 No.14 呉市民平和講座』, ピースリンク広島・呉・岩国, 2008b.

湯浅一郎, 『「平和都市ヒロシマ」を問う—ヒロシマと核・基地・戦争』, 技術と人間, 1995.

湯浅一郎, 「"基地の街・呉に暮らして問題意識こそが、実態を浮き彫りにする."」, 『ピースリンク叢書 No.14 呉市民平和講座』, ピースリンク広島・呉・岩国, 2008a.

湯淺一郎, 「基地の街－呉に暮らして」, 呉市民平和講座 제2회, 2006.9.

저 자 | 정근식

서울대학교 사회학과 교수 겸 아시아연구소 동북아시아센터장. 서울대학교 문학박사. 역사사회학 및 몸의 사회학 전공. 주요 논 저로는 『檢閱の帝國: 文化の統制と再生産』(2014, 공저), 「China's Memory and Commemoration of the Korean War in the Memorial Hall of the 'War to Resist U.S. Aggression and Aid Korea'」(2015), 「동아시아의 냉전·분단체제의 형성과 해체: 지구적 냉전하의 동아시아를 새롭 게 상상하기」(2014), 「한국에서 사회적 기억 연구의 궤적: 다중적 이행과 지구사적 맥락에서」(2013) 등이 있다.

저 자 | 헬렌 리(Helen J. S. Lee)

연세대학교 언더우드국제대학 부교수. University of California, Irvine 일본문학박사. 식민지주의 연구. 주요 논저로는 「Negotiating Imagined Imperial Kinship: Affects and Comfort Letters of Korean Children」(2014), 「Dying as a Daughter of the Empire」(2013), 『Reading Colonial Japan: Text, Context, and Critique』(2012, 편저) 등이 있다.

저 자 | 김민환

서울대학교 아시아연구소 연구원. 서울대학교 사회학 박사. 문화사회학, 역사사회학 전공. 주요 논저로는 『오키나와로 가는 길』(2014, 공저), 「전장(戰場)이 된 제주 4.3평화공원—폭동론의 '아른거림(absent presence)'과 분열된 연대」(2014), 「동아시아 변경 섬의 지정학과 냉전체제 성립기 국가폭력 발생의 구조」(2014), 『기억과 전쟁: 미화와 추모 사이에서』(2009, 공저), 『경계의 섬, 오키나와』(2008, 공저) 등이 있다.

저 자 | 정영신

제주대학교 SSK 전임연구원. 서울대학교 사회학 박사. 사회변동론, 평화학, 역사사회학 전공. 주요 논저로는 『오키나와로 가는 길』(2014, 공저), 『저항하는 섬, 오끼나와』(2014, 역서), 『기지의 섬, 오키나와』(2008, 공저), 『오키나와 현대사』(2008, 역서), 『沖縄の占領と日本の復興』(2006, 공저) 등이 있다.

IJS 서울대학교 일본연구소
Reading Japan **16**

포위된 평화, 굴절된 전쟁 기억

히로시마 만(灣)의 군항도시 구레 연구

초판인쇄 2015년 04월 21일
초판발행 2015년 04월 30일

기　　획 서울대학교 일본연구소
저　　자 정근식·헬렌 리·김민환·정영신
발 행 처 제이앤씨
발 행 인 윤석현
등　　록 제7-220호

주　　소 서울시 도봉구 우이천로 353 성주빌딩 3F
전　　화 (02)992-3253(대)
전　　송 (02)991-1285
편　　집 최현아
책임편집 김선은
전자우편 jncbook@hanmail.net
홈페이지 http://www.jncbms.co.kr

ISBN 978-89-5668-200-6 03910　　　　　　**정가** 9,000원